A RASCALS CRAFT

❃❃❃

MUSINGS OF A
FINNISH-AMERICAN
IMMIGRANT

BY EELU KIVIRANTA

Introduction by STEVE LEHTO
Translated by LILLIAN LEHTO

Foreword by JAMES N. KURTTI,
Director of the Finnish American Heritage Center

PUBLISHED BY MOMENTUM BOOKS, LLC
117 West Third Street | Royal Oak, Michigan 48067
www.momentumbooks.com

COPYRIGHT © 2010 BY STEVE LEHTO
ALL RIGHTS RESERVED

No portion of this book may be used or reproduced in any manner whatsoever without prior written permission of the publisher.

ISBN-13: 978-879094-86-4
LCCN: 2010930802

On the cover:
The European White Birch is the National Tree of Finland.
Photo by Lillian Lehto.

A RASCAL'S CRAFT

※✿❀

**MUSINGS OF A
FINNISH-AMERICAN
IMMIGRANT**

BY EELU KIVIRANTA

Eelu Kiviranta

Introduction by STEVE LEHTO
Translated by LILLIAN LEHTO

Foreword by JAMES N. KURTTI,
Director of the Finnish American Heritage Center

DEDICATION
Dedicated to the memory of the brave immigrants who left the shores of their native Finland to seek a new life in America.

CONTENTS

FOREWORD.. iii
INTRODUCTION.. v
A WORD FROM THE TRANSLATOR........... viii
ABOUT ARKKIVEISU...................................... ix
MAP OF FINLAND.. x

IMMIGRATION EXPERIENCE (1)
FINLAND, LAND OF MY BIRTH 2
TRIP TO AMERICA 5
THE CROFTER'S SON 8

MEMORIES OF FINLAND (9)
EELU'S BIRTH... 10
A COLD STEPMOTHER.................................. 12
MEMORIES OF FINLAND 14
FINLAND'S HIRED GIRLS 16
AT THE OULU MARKET-FAIR 20
A GREETING TO A NEW RECRUIT.............. 23
EELU'S EARLY DAYS...................................... 27
AN EVENING IN THE CASERNE 29
SPENDING TIME IN THE BRIG 31

LIFE IN AMERICA (33)
A TRAMMER'S STORY 34
A HETSI FEEDER'S TALE 37
A FINLANDER'S FEELINGS
ABOUT AMERICA 40
A FARMER'S FREEDOM
AND WORK 43
ON THE ROAD 46
THE WINDING COURSE
OF MY LIFE.. 47
A RASCAL'S CRAFT 50
WHO BUYS POEMS? 52
KAISA MOST PRECIOUS 53
IN MEMORY OF IDA KIVIRANTA................ 55

CURRENT EVENTS (57)
A TALE ABOUT DRINKING............................ 58
IN PRAISE OF TEMPERANCE....................... 60
THE BENEFITS OF PROHIBITION 62
AUTO FEVER 64
THE COPPER COUNTRY
STRIKE OF 1913... 65
THE SINKING OF THE *TITANIC* 76
REFLECTIONS ON TOBACCO 79
THE END OF WORLD WAR I 82
BOLSHEVIK STYLE
OF GOVERNMENT.. 84
THE POLITICS OF MATT KURIKKA 85
A DISASTROUS FIRE...................................... 87

MUSINGS (89)
WHAT LOVE IS 90
A LOVE SONG.. 91
A TOUGH LESSON 92
THE DEATH OF A RICH MAN 94
SPRING.. 96
AUTUMN... 97
WINTER 98
ABOUT A HAPPY MARRIAGE 100
ABOUT AN UNHAPPY MARRIAGE............ 101
A HAPPY-GO-LUCKY GUY......................... 102
THE BETRAYED ONE................................... 103
THE GYPSY... 104
LYRICS FOR THE SONG:
"THOU CREATOR GREAT
AND MERCIFUL" 105
POEMS FOR SPECIAL OCCASIONS:
GOLDEN ANNIVERSARY 106
SAMPLE LOVE LETTER 108

ACKNOWLEDGEMENTS & SOURCES....... 110
EELU AND MARTHA 111
GLOSSARY... 112
ABOUT THE CONTRIBUTORS................... 114

FOREWORD

> Viikon on virteni vilussa,
> Kauan kaihossa sijaisnut.
> Veänkö vilusta virret.
> Lapan laulut pakkasesta,
> — *Runo 1, 79-82 - Kalevala*

As director of the Finnish American Heritage Center and Historical Archives at Finlandia University, I have full knowledge of how personal histories — autobiographies, oral histories, letters and the like — are vitally important in understanding and interpreting Finnish-American culture. The oral history collection is the Archive's most commonly used resource.

For that reason, I am absolutely pleased that this collection of Eelu Kiviranta's poems has been translated and published, making it available to a greater number of readers. Kiviranta's Finnish immigrant perspective regarding the realities of early 20th century life in Michigan's Upper Peninsula is in a class of its own. One could say Eelu is the Kalevala-style bard of the Copper Country.

Eelu Kiviranta's larger-than-life persona is evidenced by the fact that he appears in the writings and oral histories of numerous others. It seems that nearly every Finnish-speaking Copper Country resident has his/her own favorite *Kivirannan Eelu* anecdote.

As a consequence, I was very excited when Steve Lehto first mentioned that he and his mother Lillian were intending to publish Eelu's poems in English. But I wondered about the daunting task of translating poetry written in old-fashioned Finnish-American dialect into English. In the following few months my fears were allayed, and I was astounded at Lillian Lehto's abilities, both in speed and accuracy, even to the point of keeping the cadence and rhyme of the original text. Most certainly there is a bit of Eelu in his granddaughter Lillian, and the outcome is spot-on and brilliant.

I had the honor of reviewing the translations and I was amazed at the breadth of topics the corpus of poems includes. In typical Finnish modesty, Kiviranta dismisses his works as humble—"a rascal's craft"—but his knowing how and when to use old dialect or Finnish-American *Fingliska* attests to his skills and artistry.

I trust I speak for the Finnish-American community when I express gratitude that the works of Eelu Kiviranta have been taken from "the cold" and shared with us.

> Long and lone in the darkness,
> In the cold my verses lie.
> Shall I take my verses out,
> Save my songs from freezing weather
> — *Runo 1, verses 79-82, Kalevala*

— James N. Kurtti,
    Honorary Consul of Finland for the Upper Peninsula of Michigan
    Director, Finnish American Heritage Center
    Editor, Finnish American Reporter
    Finlandia University

INTRODUCTION

Eelu Kiviranta was my great-grandfather. He passed away almost a decade before I was born, but I often heard stories of the poet who had owned the farm on Kiviranta Road in Laird Township at the base of the Keweenaw peninsula in northern Michigan. My mother Lillian—Eelu's granddaughter—collected his poetry and often spoke of how the poems should be made available to a wider audience. Of course, a "wider audience" for Finnish language poetry meant that the poems needed to be translated into English, which she has done faithfully.

Eelu was born Eliel Kiviranta on December 31, 1873, in Oulainen, Oulunlääni, Finland, to Johan and Maria (Suvanto) Kiviranta, who were probably crofters—tenants of a small farm owned by someone else. He had a sister, Emilia, who married and moved to Sweden, where she raised a family. Life was not easy for the young Eelu, especially after his parents divorced and he acquired a stepmother who, according to Eelu, favored her own son while requiring Eelu to do chores and get by on skimpy food rations.

Economic conditions in Finland at the end of the 19th century were deplorable; Finland could not adequately feed her people. From 1850 to World War I about 350,000 people left Finland, 95 percent of them heading for the United States. The year Eelu departed for America—1901—more than 12,000 other Finns made the trip. In one of his autobiographical poems, he said he "became exasperated with the wretched conditions in Finland." Much of what we know about Eelu comes from his poetry, as many of his poems were autobiographical.

Before his departure to America, Eelu had spent three years in the Finnish army and three years working in the Åström Leather Goods factory in Oulu. While working at Åström he met Kaisa Vehkaperä from Haukipudas, a short distance north of Oulu. Kaisa was born on December 25, 1875. Eelu and Kaisa were married on April 4, 1900 and they had a son, Wäinö, born on January 13, 1901.

On March 16, 1901, Eelu left Finland for the United States on the *Polaris*, an Allan Line ship bound for England, from where he continued his journey on another ship. He made his entry into the country at Portland, Maine. The Emigrant Register at the Institute of Migration in Turku, Finland, lists him as a "laborer," one of the most common designations for immigrants. Kaisa did not accompany Eelu on the trip, probably because of the newborn. She left for the U.S. on June 6, 1901. In the Emigrant Register she is listed as "a laborer's wife." The price of her ticket is recorded as $59. It is believed that she came by way of Quebec, Canada.

The Kivirantas first lived in the Ripley area of Michigan's Copper Country while Eelu worked for the Quincy Mining Company. However, he left that job after five months because he found it too strenuous, commenting that it was work fit only for a mule. He was a small man, not much over five feet tall. Their son Wäinö died in Ripley at the age of nine months. Their second son, Lauri, was born June 15, 1904.

From Ripley, the family moved to Redridge, Michigan. Around this time, Eelu acquired a printing press. He continued working in the copper mining industry—this time in a stamp mill that crushed rock as part of the copper mining process—but he supplemented his income by publishing and selling his poetry.

It is hard to imagine how difficult the printing process was at that time. The type with which he printed was comprised of tiny, single characters, and had to be set by hand into a tray, backwards. This mirror image of the poetry was then inked, with the pages printed one at a time, one side at a time. The press Eelu used was probably a tabletop model with a plate five inches wide and eight inches tall. He used 6 1/2 x 8 1/2 inch paper, which a printing press this size would accommodate. He called it a *nyrkki paino* which means "fist press," because each side of each page had to be pressed by hand after being inked.

It was time-consuming work, especially for a man who already had a full-time job outside the home. But this was typical; Eelu was a hard worker all his life and could not tolerate laziness. He bound his printed pages into booklets which he offered for sale, most of them priced from fifteen to twenty-five cents. We do not know how many of the booklets he printed or sold, but we do know that many people who lived in the Keweenaw during his life knew of Eelu's poetry.

While in Redridge their daughter Hilda was born on April 3, 1906. Hilda was Lillian's mother, my grandmother. Within six years after arriving in this country the Kivirantas had saved enough to buy a farm. They moved to Nisula, Michigan, in 1907, where they bought 80 acres from Matt Heikkila, whose son Mike became their son-in-law in 1923. Eelu and Kaisa had one more daughter, Ida, born on February 6, 1909.

The Kivirantas kept a small dairy herd, and this was the family's main source of income. Eelu spent endless hours clearing and keeping the grounds of the farm neat and orderly. With unusual patience and exactness, he removed dips and lumps from the lawn until it was perfectly level. He acquired a lawn mower before most folks in the countryside had even heard of one. In the winter he packed the snow in the yard with a roller. One of his favorite activities was pulling up stumps; the bigger, the better.

At the Kiviranta farm, Eelu continued writing and publishing poems. He also had several other vocations in addition to farming. He was a masseur and shoe-repair man. He acted as a correspondent and agent for *Walvoja*, a local Finnish-language newspaper. He even practiced the Finnish folk remedy of cupping, a form of bloodletting. He kept his printing press busy, and when his son Lauri was old enough, Eelu taught him how to set type. Eelu traveled all over the Upper Peninsula selling his poems: in the summer on a bicycle and in the winter on skis. He traveled as far as Ironwood on skis. He usually stayed with friends en route, often bartering for room and board with massaging or cupping. He never owned or learned to drive a car. He saw no need for one and even wondered about the "fever" people had for the newfangled invention.

Eelu was especially adept at rhyming; when spoken to, he would often reply in rhyme to the speaker's statement or question. Eelu suffered a slight stutter, which did not occur when he recited his poetry. He sometimes stuttered in ordinary conversation, but the rhymed responses seemed to help him overcome it. Several of his rhyming quotes have survived. A few follow:

"Kyllä te pojat olette eri jänkkiä
Kun yritätte kalvortista tehä vesi tänkkiä."

"You boys are certainly some Yanks,
Trying to convert a culvert into a water tank."

"Kuinka se Misis ____ voipi?
Vieläkö sillä suu niin soipi?

"How is Mrs. ____ feeling?
Does she still run off at the mouth?"

"Sinä olet se koulu toukka
Ja minä olen maan moukka."

"You are one of those bookworms
I am just a country bumpkin."

The rhyme in the final words of each Finnish couplet is apparent, even to people who don't speak Finnish.

People sometimes commissioned Eelu to write poems for special occasions. In 2009, my mother asked the readers of the *Finnish American Reporter* to share any memories they had of Eelu. Godfrey Holmstrom Jr. shared that Eelu wrote a poem to commemorate the 50th wedding anniversary of his grandparents, Agnes and Charles Holmstrom, who lived in Simar, Michigan. Eelu arrived on his bicycle, after having ridden three miles out of his way. Godfrey, his brother, and cousin were setting up a sign pointing to the road to the house; their dog distracted Eelu so that he rode three miles too far before he realized his mistake. Godfrey regrets that the whereabouts of the poem, which was presented to his grandparents, is not known.

During massage and cupping sessions, which were often performed in the sauna, Eelu wore a garment known in Finland as a *sauna paita* or sauna shirt. It's often worn by men when they leave the sauna. Naturally, this was much more comfortable and practical than wearing a pair of pants during these sessions. Because Americans were unfamiliar with this garment, many supposed it to be a dress. Because Eelu dared to do his own thing, this did not bother him, but it did bother some family members who heard talk about their father being a dress-wearer.

In spite of the lack of a formal education, Eelu was well-read and cognizant of world affairs, and had a keen insight into what was going on around him. This is evident in his poems, which contain observations about life in pre-1900 Finland, as well as politics, historical events, and social commentary about his adopted country. Eelu's poems are a wonderful snapshot of the era—especially the first few decades of the 1900s in the Keweenaw. Eelu wrote about topics both large and small. He wrote an epic about the sinking of the *Titanic*; he spoke of life working in the copper industry. He wrote about temperance and love; he was in favor of both.

Eelu was involved in local politics, and at one time—probably in the 1920s—he served as a township "road boss," overseeing an area comprised of the Kiviranta, Hulkonen, and Newberry Roads in Nisula. In the 1930s he served on the Laird Township school board.

Eelu died on February 7, 1953; Kaisa died on September 20, 1938. Lauri died on September 19, 1991; Hilda on March 20, 1984; and Ida on August 4, 1939. All are interred in the Nisula cemetery, except Lauri, who is in the Alston cemetery.

Eelu's poems have been preserved by individuals as well archivists in the Finnish American Heritage Center & Historical Archive at Finlandia University in Hancock, Michigan, a collection established by Dr. Armas Holmio. Holmio considered them a valuable source of Finnish Americana, as well as an example of *arkkiveisu*, a type of poem common in Finland in the late nineteenth century. According to Holmio, Eelu was the only American Finn, as far as he knew, who produced this type of poetry.

Many of these poems are from booklets that can be found at the Finnish American Heritage Center. Some are from Lillian's personal collection. While one or two of Eelu's poems have been translated before, this is the first large-scale project to have Eelu's poetry translated into English. The Finlandia Foundation National provided very generous support in underwriting the publication of these poems.

— Steve Lehto, July 2010.

A WORD FROM THE TRANSLATOR

These poems were written by one who learned pre-1900 Finnish, which differs much from modern Finnish both in vocabulary and writing style. At the beginning of the project I consulted a professional translator in Finland for possible help. She in effect "threw up her hands", commenting that it was such "old Finnish" that she couldn't understand much of it! And she did not even see the poems that include Finglish! American Finns who still understand Finnish shouldn't have that difficulty, for American Finnish has not changed as much as has the language in Finland.

Eelu was a master of rhyme, and I have endeavored to use as much of it as possible, that being the only way to do justice to his work. Unfortunately, English does not lend itself to rhyming as well as Finnish does. I often envied the way Eelu could twist Finnish words to make them rhyme, a feature not possible in English.

The Finnish of Eelu's day used "w" (pronounced as "v") instead of "v", so I have retained that spelling in the Finnish version of the poems. In pre-1900 the letters "d" and "b" were not commonly used. Instead, "t" and "p" were used more often where we, and now modern Finnish, use "d" and "b". I spotted very little of the use of either of these last two letters in any of Eelu's poems.

As to the punctuation in Eelu's poems, he used almost none at all. With his limited education, I doubt he learned much about it. Eelu's poems are reproduced as he punctuated them. In the translation, I have sometimes added punctuation for clarity.

I observed something which I consider rather interesting: In the poems set in Finland, he does not use any Finglish, which he does use freely in those set in the United States. One reason may have been that he had no Finnish words for things or events he encountered in the United States, but I think there was more to it than that. I think when writing the poems about Finland, he reverted to his pre-immigrant state of mind, before he had encountered Finglish. One could say that he was bidialectal, which is common in Finland, where they speak "arkikieli" or "everyday language", but on formal occasions, in business situations, and so on, they speak "kirjakieli" or "literary language."

Many of the old immigrants did not speak of the "old country" very often and consequently many of us did not learn much, if anything at all, of their childhood in Finland. This was the case with Grandpa Eelu. This has been a very gratifying and informative experience for me. I have gotten to know Grandpa in quite an intimate way while studying his writings. I have been truly amazed at the scope of the vocabulary of one who never received much formal schooling! And his broad knowledge of world affairs is equally surprising.

These poems would not have gotten into print without the encouragement and help of my son Steve. It was he who first showed an interest in his heritage and in what these poems which had long languished in the Finnish American Archives might contain. His knowledge of the publishing business convinced me that this project had possibilities and his work with the publisher caused this book to become a reality. He secured financial help from Finlandia Foundation National and his professional advice whenever I needed it was a great support. Thanks, Steve!

— *Lillian Lehto*

ABOUT ARKKIVEISU

When Dr. Armas Holmio established the archives at Suomi College (now the Finnish American Historical Archives), he amassed a large collection of Eelu Kiviranta's poems. He explained that they were especially valuable because they are of a type known as *arkkiveisu* in Finland. He is remembered as having said that as far as he knew, Kiviranta was the only American Finn who composed this style of poetry, although it was very common in Finland.

Arkkiveisu (broadside ballads) were primitive ballads which were printed and hawked on the streets and at fairs. Originating in Germany in the 1400s, they were the first type of news medium there was. They told of odd or newsworthy happenings, natural disasters, scandals, wars, or personal incidents or feelings. Many were religious in nature. Some were written for special occasions, such as weddings, anniversaries, or deaths of important people. They were usually sung to a familiar tune, although some poets composed their own tunes.

These poems were bought, then repeated or sung from person to person, thus spreading news. They appeared in Sweden in the 1500s and in Finland in about the 1600s. The tradition was carried on until the 1930s, but by the 1800s the upper classes considered them nonsense and rubbish and of no value. However, at this time the amount of arkkiveisu among the common people increased, since they were about love, temptations, items of pleasure, scandals. The sensational nature increased interest in them and increased their sales. In fact, the greatest number of them appeared in Finland in the last decade of the 19th century, and Eelu would most likely have been familiar with this literary form.

Eelu was an avid follower of the news, including local, national and international news. Following the *arkkiveisu* tradition, he memorialized events of the day in verse. Several examples are contained in the following pages.

x | *A Rascal's Craft*

IMMIGRATION EXPERIENCE

❁❁❁

FINLAND, LAND OF MY BIRTH
TRIP TO AMERICA
THE CROFTER'S SON

SUOMI SYNNYIN MAA

Muistan armaan synnnyinmaan
Myös luonnon ihanutta sorjaa,
Sitä aina mielesäni kaiwata saan
Ja kesäistä aikaa niin korjaa.

Läpi yön siellä auringon walo
Niin kauwas pimeyden poisti,
Kuinka oli se koti kartano jalo
Miten kukat nurmella loisti.

Huwittawia oli pyhäjoki rannat
Kuin wirta niin käydä lirittää
Ihastuen katseesi wiihtyä annat
Ja äyräät sen ruusuja wirittää.

Unhoittaa en minä niitä woi
Niistä tunnen ainiaan kaipuun,
Se lintuin laulu sata-äänin soi
Ei koskaan alkanut waipuun.

Wiehättäwä oli kesäinen sää
Kun luonto oli niin raikas,
Ja ihastuen sitä nautin mää
Kesä illoin niin joka-paikas.

Jos kesä öinä ei kulkis halla
Eikä leipäämme ottaisi pois,
Ei kansakaan käwisi surun alla
Maa kallein meillä niin ois.

Waikka ei ole kullan warjoo
Eikä hopealla kenkään röyhää
Wain luonto siel ihanuutta tarjoo
Niin huwittaen kansaa köyhää.

Kun kesän säässä istui lehtoon
Siellä rastaan säweliä kuuli,
Muistan myös kesäisen ehton
Ei käynyt myrsky ei tuuli.

Tyyneenä wälkky järwen-pinnat
Ja wirtasi ne kuohuwat kosket,
Miten sykki siellä neitoin rinnat
Ja hohti net punaset posket.

FINLAND, LAND OF MY BIRTH

I remember the land where I was born
The beauty of nature so fine
In my mind often for Finland I yearn
Its summers so splendid, sublime.

All the night long the light of the sun
Brushed the gloom of darkness away
In the precious gardens of my home
Flowering nature held sway.

Sweet were the shores of the little brook
As the current rippled and murmured
Enraptured, upon all you look
And your banks the roses enlightened.

Never can I forget it all
For I have a constant yearning
For the song of the birds whose call
Never ceased their melodious singing.

Charming was that summer clime
When nature was so breezy
Enraptured I sat enjoying the time
On summer evenings so sunny.

If frost did not creep on a summer night
And rob us of our bread
Finns would not suffer that awful blight
But enjoy well-being instead.

Although the land contains no gold
Nor silver in her coffers
Still nature does a beauty hold
Pleasure to her people offers.

When in summer one sits in the grove,
And the song of the thrush holds sway
How sweet is that summertime eve
With wind and storm far away.

Peacefully glittered the lake so calm
And flowed the rapids foaming
With joy beat the young maidens' hearts
Radiant their cheeks were glowing.

Hellästi siellä lempiä sain Ilolla riensin mä heitä kohti Minulle oliwat he kalliita ain He sydämmeeni rauhan johti.	Tenderly did I regard them there With joy I hastened to them To me they were precious and fair To my heart they brought a calm.
Niin ilo siellä mielen woitti Ja kewät uusia tunteita toi, Aamulla warhain aurinko koitti Se luonnon kukoistuksen loi.	By joy my mind was captured When spring brought out her grandeur By morning sun enraptured She brought a bloom to nature.
Koreasti siellä kukkiwa tuomi Käy suoloinen lehdensä tuoksu, Synnyinmaa on rakkahin Suomi Siellä wilpas on elämän-juoksu.	The flowering of the chokecherry tree Shed fragrance all around Dear Finland, land of my nativity There beauty of life can be found.
Lapsuuden-aika oli siellä leutua Ollessa ympärillä koti wiirin, Niin juosta armasta koti-seutua Ja tehdä siinä leikkimä-piirin.	Calm were the days of my childhood As round our garden I romped Or ran round the entire neighborhood And games for us all organized.
Siellä wietin ne nuoruuden ajat Jotka rauhalliset mulle suotiin, Myös rakkaita oli ne lehti-majat Joita juhannus öinä me luotiin.	There I spent my youthful days Which peaceful and carefree were granted Most precious were the leaf-house groves Which for Juhannus night we erected.
Rakkaita oli ne leikkimä sarjat Ja kaikki ne Suomen immet, Niin terwetulleita oli ne marjat Joita kaswoi metsän rimmet.	Precious were all those outdoor games As well as those maidens fair And the woodland berries all the same That grew near the sedges there.
Siellä mä lapsuuden leikkiä löin Kaswi weljeni ja siskoni kansa, Ja niityn mättäiltä marjoja söin Eikä jalkaani sortunut ansa.	There my childhood play was spent My sister and brother* were there The grassy hummocks berries us lent And my foot avoided the snare.
Suomi on maa rakkahin mulle Sen keskellä sydäntäni kannan, Ja weikkoni suomeen asti sulle Aiwan totena tiedoksi annan.	Finland to me is a land most dear I carry it deep in my heart And brother, to Finland, although not near I send this message of truth.
Suomeen mieleni aina halajaa Wielä terwehtään sitä kerran, Jos täältä wielä sinne palajaa Se huwittaa mua jonku-werran.	For Finland do I ever yearn If only I could greet it once more If perchance I should some day return It would please me evermore.

He is probably referring to his stepbrother.

A Rascal's Craft | 3

EELU LEAVES FOR AMERICA

It is likely that Eelu was recruited by agents looking for workers for the mines of the Copper Country of Michigan. His passport record labels him as "laborer" and indicates that his destination was Hancock, Michigan.

Eelu left Finland in March 1901, leaving behind his wife and infant son Wäinö who were to follow later when it was deemed the baby would be able to tolerate the ocean voyage. He traveled on the *Polaris* from Finland to England, where he boarded an Allan Line ship bound for New York.

Kaisa and Wäinö left to join their husband and father in July 1901, sailing on the *Arcturus* from Finland to England, and on an Allan Line ship from England to the United States.

31. POLARIS (I) 1899–1915

Photo from THE SHIPS OF OUR FIRST CENTURY—THE EFFOA FLEET 1883-1983. Pub. in Keuruu, Finland. Photo courtesy of the Institute of Migration, Turku, Finland.

A Rascal's Craft

MATKA AMERIIKAAN	TRIP TO AMERICA
Suutun suomen köyhään laihin	Exasperated with wretched conditions in Finland,
Lähin onneani etsimään kulta-maihin	I left to search for Eldorado.
Pian läpi suomen mantereen kulin	Across Finland by train we flew
Kun junalla niin Hankoniemeen tulin	Until Hankoniemi came into view.
Siihen alkoi niin kansaa karttua	There was all manner of humankind,
Kukin Amerikan matkaa warttua	Each one with America on his mind.
Mentiin siirtolais konttooria kohti	We went to the office of emigration
Meitä akentti sieltä matkalle johti	Where the agent directed our migration;
Alko hän meille tikettiä antaan	Each of us received a ticket.
Ja sitte toi meität laiva-rantaan	Then they took us to the ship with it.
Tuli laiwan kannelle joukko meitä	A large group of us looked out to shore
Katsomme rannalle jääten heitä	And gazed at those we'd see no more.
Kun laiwa lähti möljästä uimaan	As the ship pulled out to sea
Merelle niin siniselle ja tuimaan	Upon the waters calm and blue
Neidot ne lauluun ryhtyi vaan	The girls broke into song and mirth
Niin jättäen hywästi synnyin-maan	Singing farewell to the land of their birth.
Oli iloinen nuorten neidoin mieli	The young girls were of a happy mind
Ja kauniisti helkkyi heidän kieli	Although leaving Finland far behind
Wiime-kerran raikkaasa suomen säässä	And breathing the last of the fresh Finnish air.
Jo laiwa oli penin-kulmien päässä	Soon the ship was far out to sea.
Me laskeutiin jo laiwassa ruumaan	We went to our lodgings in the hold
Ruwettiin Ameriikan asioista tuumaan	And contemplating America, put aside the old.
Pois suomen rannat silmistä jäiwät	The Finnish shores were lost to sight.
Ja hauskasti kului laiwassa päiwät	Our days on shipboard were quite all right.
Kun meitä oli satoja nuorukaisia	There were hundreds of us young people
Myös osaksi aiwan nuoria naisia	Including young maidens quite a few
Ja heitän silmissä lempys palo	With love-light shining in many an eye.
Niin oli poikain lempys jalo	The boys could not help but be rather shy.
Kohta me nuorison asioita tiettiin	Before long we were well-acquainted;
Kun muutamia leikki-puheita piettiin	The youthful fun went to one's head.
Ruwettiin myös me soittoa waatiin	We began to search for music so perchance
Ja tyttöin kansa tanssia saatiin	Finding some, we could have a dance.
Suru ei kenenkään sydäntä paina	There was no sadness in any heart,
Kaikki olimme niin iloisia aina	All were joyful for the most part
Waikka laiwan asunto olikin likasta	Although the ship was not very clean
Myös ruoka hoito kauhean sikasta	And food preparation lacked hygiene.
Sai sian sydämmellä niellä tuota	The food was not appetizing enough
Ihan kuin porsaat ruuhesta juota	We had to eat like pigs out of a trough
Ja siitä emme myös laivaa kiittäny	The lack of water in the washroom
Kun vesi ei pesu-huoneessa riitäny	Cast o'er our spirits doom and gloom.
Kun keittiöön menimme walittaa janoa	When we went to complain about this
He alkoiwat kiro sanoja vain sanoa	Swear words at us they would hiss.
Ja niitä he ruoka-lukunaanki käytti	This happened also at mealtimes
Huonoa kohtelua he meille näytti.	Sadly they treated us very badly.
Wain ei me paljoa wälittäny tuosta	But we didn't mind it that much at all

A Rascal's Craft | 5

Kun laiwa sai Hullia kohten juosta	Since the ship was approaching Hull;
Me pidettiin wain hauskaa peliä	We just tried to have a good time
Niin pianpa kuluikin päiwiä neliä	And so four days passed and it was time
Jo laiwa saapui Englannin möliään	For the ship to dock on England's shore.
Ja pusseja alettiin maalle wöliään	We began to haul our bags ashore
Siinä me katoksen alle juostaan	And ran with not much time to spare
Tultiin taaski akenttien huostaan	For again we were under an agent's care.
Akentit siinä meill huuti ja häaräsi	That agent knew how to holler and bustle
Ja kutakin linjaa menewiä määräsi	And each one into his own line hustle.
Hän meidät jako moneen joukkoon	Into many groups we were divided
Minunki wiisasi muutamaan loukkoon	And into a corner I also was herded.
Me towereitamme nyt siinä käteltiin	Now it came time to say goodbye
Niitä onnen sanoilla hywästi jäteltiin	And wish those "farewell and good luck"
Joita akentit siitä eri linjalle wie	Whom the agents to some other line took out
Ja meille taas toinen tie—	For we were now on a different route.
Niin me kaikki saawumme Hulliin	Having arrived in Hull we received a treat
Heti päästiin nisu pullliin	Of our favorite buns, those made of wheat
Myös kuppi kahwia päälle juotiin	Which a cup of coffee did wash down,
Sitte me rauta-tie asemalle tuotiin	Then on to the railroad station in town
Taas junalla tultiin aika wiimaa	We were whisked and onto a train;
Se matka kesti wain kaksi tiimaa	The two-hour trip wasn't much of a strain.
Ja niin me nyt Liwerpooliin tultiin	Liverpool was our next destination
Taas uusia matkan suuntia kuultiin	And when we arrived at that station
Siin kahwia ja tumppua syötiin wähän	Again we were given some coffee and bread
Niin kiire tuli meillä laiwaan tähän	And to the next ship we were led.
Me tultiin Allan linjalle juuri	The ship was beautiful and fine
Se laiwa oli kaunis ja suuri	A large ship of the Allan line.
Sinne kaikki jo pussejaan kilaa	We toted our bags on board so bold;
Oli sen ruumassa meillekki tilaa	There was plenty of room for us in the hold.
Kansaa tuli joka mailman-ääreistä	Hundreds of people were now on board,
Etten selkoa saanut sata-määristä	People who'd come from all over the world.
Nyt halki Atlantia jo mennään	Soon we were on the Atlantic so bright
Ei Liwerpoolia näkynyt ennään	And Liverpool had disappeared from sight;
Laiva kulki wain weden pinnalla	The ship seemed to skim the surface
Ja aallot waahtosi laiwan rinnalla	As the waves seemed to lick its face.
Oli tämä kulku nyt oikeen sulosta	Now the trip became very pleasant
Ei mitään puuttunu toimeen-tulosta	For nothing was lacking in the present.
Oli nyt kyllin puhtautta meillä	All was neat and tidy and clean
Ja hyvä kohtelu laivassa heillä	And the sailors certainly were not mean.
Myös siitä kaikki laiwaa kiitti	Now ever so thankful we could be
Kun ruoka aina pöydälle riitti	That food there was and it was plenty
Ja se oli myös kyllä maukasta	And tasty food it certainly was.
Että jokainen halusi suunsa aukasta	So that all of us simply relished it.
Nyt ei silmiimme näkynyt maita	Gone now was the land so green,
Eikä Atlannin meren mikään laita	No shore of the Atlantic could be seen.

A Rascal's Craft

Taiwas ja weden-pinta wain kiilti	The heavens and waters were all ashine,
Laiwamme edespäin mennä wiilti	The ship cut through the salty brine.
Ei meillä ollut muuta waiwaa	We would have had no problems at all
Wain kova tuuli niin heilutti laivaa	Except that a wind rocked the ship so tall
Muutaman täytyi jo täkille hyökätä	Causing some to dash to the deck
Ja siellä oikeen katkeraa yökätä	For their nausea had made them a wreck
Jo vähän minunki päätä särki	And neither did my head feel too good.
Ettei oikeen juossut minun järki	My brain felt like it was made of wood.
Joitakin meri-tauti niin waiwass	Some to their condition were so resigned
Ettei ruoka heille lystänyt laiwass	That food was the farthest thing from their mind.
Oli nin kokonaan toinen laatu	Now matters so utterly bad had gotten
Ei täkille kunnon tanssia saatu	That a dance on the deck could be forgotten;
Kun tytöt kaikki oli niin noloja	The girls in really bad shape seemed to be
Moittivat ikäwäksi merellä oloja	Complaining about the misery of being at sea
Kun pitää aaltojen seljässä kiiikkua	And their situation being so very bleak.
Näin kulunut jo toista wiikkua	We have been here now for over a week
Jo kaikki edespäin silmänsä luopi	And every eye wants to see firsthand
Koska tämä meitä maihin tuopi	On the horizon a glimpse of land.
Kohta tultiin me rantaan taas	Finally we reached the shore.
Ja oltiin jo Ameriikan maas	This is America! We're at sea no more!
Nyt oli wielä tarkka lääkärin syyni	Now a doctor examined us thoroughly
Että pääseekö maihin kaikki-tyyni	To determine whether admitted we'd be.
Siitä alettiin taas kulkua jatkaa	From there our trip continued on
Ja tultiin wielä rauta-tie matkaa	By train—it went on and on.
Joka kesti kolmen päiwän werta	We changed trains several times
Waunuja muutettiin muuan kerta	During those three days and night times;
Juna niin kovaa wauhtia kulki	The train traveled at great speed
Se sisä-maihin meidät jo sulki	Into the interior it did proceed
Silmissä wilisi wain metsän-rinnat	As trees whizzed by
Ja wälliin korkeat wuorten-pinnat	And an occasional mountain.
Tä Ameriikan matka tapahtui niin	This long trip I had survived
Minä wihtoin saawun Hankookiin.	And finally in Hancock I arrived.

TORPAN POIKA

1
Torpasta olen poika kotoisin
Wain minkäs teen nyt sille,
Jos en minä kelpaa hywille
Niin menen huonommille.

2
Metsän polkuja kulkeissani
Kirjoitin minä lummeen,
Uuden kullan ääni se kuuluu
Mun sikeimpääni unneen.

3
En minä ryyppää palowiinaa
Kun hopea pikarista,
Istunpa heilani polwella
Ja polttelen sikaarista.

4
Heilani meni mun Ameriikaan
Ja minusta teki lesken
Kanssani teki hän lemmen-liiton
Ja katkaisi sen kesken.

5
Jos minä saisin sen tiketin
Joka Ameriikaan wetää
Siellä sais ilosta laulella
Eikä kumarrella ketään.

6
Waasan rantaan laiwat seelaa
Sinne menen minä wasta,
Kun Suomi ei woi elättää
Näin köyhän torpan lasta

THE CROFTER'S SON

1
From a crofter's hut I came
And nothing that can change
If the best ones won't accept me
My goals I'll rearrange.

2
As I walked the forest paths
I wrote upon the snow
My new sweetheart's name I hear
As I dream upon my pillow.

3
I don't drink my spirits
But from a goblet at the bar
I sit upon my sweetheart's knee
And smoke a big cigar.

4
My sweetheart went to America
And left me all alone
We made a love alliance
And now she's gone and flown.

5
If I could just procure that ticket
Which to America would lead
There I'd sing, I'd sing for joy
And to no one bow indeed.

6
The ships sail into Vaasa's shore
I shall sail on one,
Since Finland can support no longer
This poor crofter's son

Note: This is from Eelu's group of folk songs, and is not autobiographical except for the last two lines.

MEMORIES of FINLAND

✿✿✿

EELU'S BIRTH
A COLD STEPMOTHER
MEMORIES OF FINLAND
FINLAND'S HIRED GIRLS
AT THE OULU MARKET-FAIR
A GREETING TO A NEW RECRUIT
EELU'S EARLY DAYS
EVENING IN THE CASERNE
SPENDING TIME IN THE BRIG

❋❋❋
EELU'S BIRTH

Eliel (Eelu) Kiviranta was born on December 31, 1873 in Oulainen, about 60 miles south of Oulu, in the province of Oulunlääi, Finland. His parents were Johan and Maria (Suvanto) Kiviranta. Later, his father and mother were divorced and his father married Priita Stiina Jylänki.

Eelu had only one sibling, Emilia, about two years older, who emigrated to Sweden and raised a family there.

EELUN SYNTYMÄ

Mä synnyin niin merkityllä ajalla
Juuri kahden wuosiluwun rajalla
Se wiimenen päiwä joulu-kuussa
Ja juuri Uuden wuoden suussa,
Tulin tänne maailman majoille
Aikaa wiettään lapsuuten ajoille
Mutta mieheksi olin sangen pieni
Eikä pitkälle wieny minun tieni,
Nyt akat joutuvat aika pessuun
Heti he panivat wettä lessuun
Siinä mua soopan kansa pestiin
Ja saapui naapurin akat kestiin
He alkoivat sauna ruokia tuota
Sekä minun varpajaisia juoda
Akat minua niin kääriä mylläsi
Minut pärekoriin resuilla hylläsi
Siinä minä nautin äitini tuutia
Enkä tiennyt maailman huutia
Imin waan Äitini rinta-maitoa
Muuhun ei minulla ollut taitoa
Ja elämäni olis wieläkin pimeä
Jos ei minulle annettu nimeä,
Niin Äitini minua Eeluksi esitti
Ja sitten pappi päätäni wesitti
Minut seurakunnan jäseneksi luki
Ja pyhän-kasteen päälleni puki,
Paljon oli nyt minusta työtä
Äiti hoiti mua päiwää ja yötä
Hän ei koskaan joutunu muuhun
Minulle tukki ruokaa suuhun
Että kunnon mies kaswaisi tuosta
Ja alkas omin voimin juosta,

EELU'S BIRTH

I was born at such a significant time
When the bells of the New Year started to chime
On the last day of December;
It was indeed a moment to remember.
I entered this earthly abode
To spend a brief childhood on this road
I was a mere sprout of a man
At this time when my life began.
Now the neighbor ladies had a job;
They filled a basin and with a swab
And soap they made me clean.
Now more neighbors appeared on the scene
Bringing gifts, and food fit for a feast,
They began to drink to my health.
They swaddled and wrapped me in a blanket
And finally set me in a basket
Where I supped on milk of my mother
And knew nothing of the world other
Than mother's rich nourishment;
This my only skill left me content.
Now my world would still be bleak
If a name for me they did not seek
Mother suggested that Eelu I should be
And the preacher poured water over me
A member of the church I thus became
In holy baptism in the Father's name.
To my mother I was a delight
But kept her busy by day and by night
She had time for no other thing
Than a constant supply of food to bring
So that a decent man I would become
And hardships be able to overcome.

Niin kaswoin päiwä-päiwältä wain	So I developed day after day
Ja wihtoin wuosia päähäni sain	And acquired strength enough to play.
Alko minun woimani ponnistua	I grew stronger every day
Ja syönti myös oikein onnistua	When called to meals I didn't delay.
Woin itse puuroa ja welliä syödä	I gobbled up cereal and gruel
Ja huwikseni tehdä jotain työtä,	And at chores didn't play the fool.
Kuin aikani olin puuron mailla	Having spent my time in porridge-land
Siinä minä paisun aika-lailla	I got to be quite a hefty lad
Alon maailman tapoihin warttua	I began to explore the broader world
Tyttöin käsi-puoleen illon tarttua	Thoughts of girls in my head often swirled.
Käytin myös hywäkseni tyttöin syliä	We held hands and of hugs got a few
Ja juoksin joukoissa ympäri kyliä	Or other pleasures in the village would pursue.
Niin kaswoi minusta miehen palli	I got to be quite a chunk of a boy
Ja päähän tämmönen runo-malli.	And already began with rhymed words to toy.

KYLMÄ ÄITI-PUOLI

Muistan oloja Suomessa sielä
Olin pieni isäni huoneessa wielä
Wanhempani oli niin riitaset ain
Ja tappelu oli heillä työnä wain
Ikänsä kävivät sitä sana-sottaa
Kunnes awioeron saivat ottaa,
Tämä asia ompi tapahtunut näin
Nyt minä niin isäni hoitoon jäin
Hän yhden leski akan taas nai
Oiva talon hoitajan siitä niin sai
Nyt oli minulla kylmä äiti-puoli
Minusta piettiin liika kehno huoli
Mä kiroksen jätän siihen Tiinaan
Kehittyny oli hän minua piinaan
Kavala ja mutkanen oli sen mieli
Ja hänessä oli kovin kiukas kieli
Hänen kieryyttä en mä kertoa woi
Eikä puheita mitä sen huulilta soi,
Kiusallisilla sanoilla minua wisko
Pois isältäni isän sydämen kisko
Että hän myös isä-puoleksi waihtu
Pois niin isän hellä tunne haihtu
Ei isän sydämellä kohtelu ennään
Aina sen Tiinan mieleksi mennään
Ei puhettani huoli korviinsa ottaa
Tiinan lipilaaraus oli hälle totta,
Tiina minua päivä kaudet rassasi
Wain isää aina sääkeristi passasi
Hänellä oli makiat puheet isälle
Millon isäni waan saapui sisälle,
Niin oli minun koti aivan pilassa
Mua piettiin liika huonossa tilassa
Siitä Tiinaa en minä suotta kirua
Hän oli minulle pahempi pirua
Hänelle en woi sitä anteeksi antaa
Eikä myös hyvää sydäntä kantaa
Sain aina ankaraa nälkää nähä
Kun ruokaa minulle antoi wähä
Hänellä oli siihen tilaisuus myös
Isä kävi eräällä kauppiaalla työs
Ja isä oli siellä päivät päästäin
Tiina eli kotona leipää säästäin,
Waikka ruokaa meillä oli kyllä
Ja pitiki hän omansa suunsa yllä

A COLD STEPMOTHER

I remember the times in Finland
In my father's home when I was a lad
Between my parents was much discord
Their lives were not in one accord
The war of words was such a force
That the outcome was a divorce
That is what finally happened
And in my father's care I remained.
A certain widow became his new wife
As a housekeeper she made a good life
But now I had a cold stepmother
Any feelings for me she did smother
I could curse that Tiina, I must admit
At tormenting me she was adept
Insidious, cunning was her inclination
Especially spiteful was her communication
I can't begin to relate her vicious ways
And the venom that dripped from every phrase,
They were awful words that she threw at me
My father's love she stole from me
So that he in effect became my stepfather
He no longer had feelings except for her
Father's heart from me she eased
Always it was Tiina whom he pleased
His ears were closed to what I had to say
Tiina's babblings were always in the way
Tiina tormented me all the day long
But when her prince, my father, came along
She had nothing but sweet words for him
She just filled his cup to the brim.
My home life was totally in ruin
It was nothing like it had once been
That Tiina I can't help but curse
A devil could not have treated me worse
I'm sorry, I cannot seem to forgive her
Nor in my heart think good thoughts about her
I experienced nothing but starvation
The scraps she gave me were no consolation
For this she had a chance always
Father's work in a store kept him away
He was at his job all day, every day
While Tiina was hoarding food at home
Although we certainly were not in want
She made sure her own mouth was fed

Oli itsellään myös pojan jäärä	And she also had a kid of her own
Ja ruokaa sille oli täysi määrä	He received a full ration, it was known
Hän sai maha määrältä syödä	He made sure he always had plenty to chew
Eikä tarvinnu niin tehtä työtä	And never a lick of work did he do
Minä wain määrätyn palan sain	While I received scraps from the larder
Kovempi käsky oli työhön wain	And was commanded to work the harder
Piti kelkalla metsästä wetää puut	Wood had to be fetched with a sled
Ja siihen tehtä koti-askareet muut,	Add to that the chores around the shed
Mua nälkä otti aina kovasti kiin	I was so hungry oftentimes
Ruan aikaa odotin ikäwällä niin	That I could hardly wait for mealtimes
Hän joskus tapasi kyläsä hommata	Sometimes Tiina visited a neighbor's farmstead
Minä sillon sain leiwän pommata	And I took the chance to snitch some bread
Niin wein sen heinä-latoon sallaa	Which I took to the barn in secret
Ja siellä sitte jyrsin wäli pallaa	Where at times I could chew on it
Wain monesti en saanu tehtä sitä.	But often I could not work in this fashion
Hän tapasi leiwät rätingissä pitää	For she kept count of her bread ration.
Näin ikäni muistan sitä Tiinaa	That Tiina I can never forget
Eikä hän minua enään piinaa	But she will nevermore me torment
Wain kova aika oli sillon mulla	That was a difficult time for me
Sain nälän niin kokeneeksi tulla.	When hunger and starvation I did see.

A Rascal's Craft | 13

SUOMEN MUISTO

Yhä muistan sitä Suomen maata
Se ei woi minun mielestä laata
Se ihanne mielessä kuwittelee wain
Jota ennen Suomessa nauttia sain,
Ei maata löyty mailmassa toista
Missä niin kesän kirkkaus loistaa
Ilman-ala on werratoman raikas
Suloinen tuoksu käypi joka-paikas
Humisten huojui lehtewät puistot
Niistä on jääny ikuiset muistot,
Mitä oli ne waloiset kesäiset yöt
Ja kaikki ne ihanat luonnon-työt
Jotka koristi niin isäimme maan
Niitä silmä näki kaikkialla waan,
Wiehättäwä oli se kesäinen sää
Aina ihmis-sydämen wirkisti tää
Kun meni siel ulko-ilmaan tuonne
Niin suloista oli koko se luonne
Lempeitä oli siellä kesäiset ehtot
Kauniita marjoja kaswoi lehdot
Kukissa hohti ne pihlaja puut
Ja monet semmoset paikat muut
Ihastuen siellä niitä kaikkia näki
Kewät-aamuina kukkua-helkytti käki
Niitä ihaneita en mä kertoa woi
Joita Suomen-maa kesät niin loi,
Kukkiwat kedot ja nurmikot korjat
Ja metsässä lintujen laulut sorjat
Oli satoja säweliä heitän suussa
Niitä wiserteli siellä joka puussa
Ja tunteita toi se laulaja rastas
Sen säweleet niin rintaani wastas,
Mä aina tahdon Suomea kiittää
Kaikesta luonnon-ihanuutesta siittä
Niin jaloja oli laaksot ja waarat
Suloisesti humisi honkien haarat
Miten lieputti haawan-lehtiä tuuli
Ihastuen niitten wilkautta kuuli,
Mitä oli kukkiwain tuomen tuoksut
Sekä ne lirittäwät wirran-juoksut
Kesän loisto oli siellä niin mainio
Kauniina hohti maanmiehen wainio
Näjin myöski sen wiheriän niityn
Niihin aina niin ihastuen liityn,

MEMORIES OF FINLAND

Always I remember Finland dear
Although it is no longer near
I still picture the beauty in my mind
That only in Finland I did find.
In this world there is no other land
Where the beauty of summer is on every hand
The climate is incomparably rare
A sweet fragrance pervades the air
The leafy forest murmured and swayed
Their memory forever with me has stayed.
Those wonderful sunlit summer nights
And all the works of Nature's might
Which adorned our fathers' land
One could behold them on every hand.
Delightful was the summer weather
Making the heart feel as light as a feather
All Nature seemed to sweetly smile
When out-of-doors one stayed a while.
The summer nights were all so mild
Sweet berries did abound in the wild
The mountain ash in flower was found
And many other delights did abound;
Nature's gifts could be so charming
Like the song of the cuckoo every morning
Words fail me to describe the offer
Which Finland's summers had in her coffer:
The flowering fields and meadows green
And in the woods songs of birds unseen
With hundreds of melodies on each tongue
Which they warbled and left no tune unsung.
I especially miss the song of the thrush
His melodies gave my soul a rush.
Finland will I thank forever
For all her creation has to offer.
So sublime were her hills and all,
So sweetly murmured the pine trees tall.
When the poplar leaves played in the breeze
Their stirring put everyone at ease.
The fragrance of the blossoming chokecherry
And the gurgling of the brooks so merry
Made the beauty of the summer to glimmer
The farmers' fields had a beautiful shimmer
As did also the meadows verdant
Where hours as a wandering boy I spent.

Pehmeitä oli kesän tuulet wienot	Gentle was the summer breeze
Kirkkaana wälkkyi järwet hienot	That wafted over the lake and trees
Ja lempeitä oli kaikki joki-rannat	Tranquilly did the rivers flow
Suloa Suomeni helmassa kannat	Carrying my Finland in their bosom.
Siellä ollessa werraton tunne häily	There an incomparable emotion held sway,
Wilppaana aina mun rintani säily,	Buoyant my feelings ever did stay.
Ne ihanuutet olen kadottanut mää	All this beauty is now lost to me
Ameriikassa en niitä koskaan nää.	For in America none of it I see.

FINNISH HIRED GIRLS

Life for young girls in Finland in the 1800s was not easy. At a very young age, sometimes as young as 9 or 10, they were hired out to other farms to work at whatever jobs the master and mistress commanded them to do. This included inside as well as outside chores. Their annual monetary compensation was laughably meager. Usually their compensation included an outfit of clothing and a pair of shoes. After the year was up, they could choose to remain at their present location or choose another place to work, if such was available. This was a woman's lot until she married.

Left:
FINLAND IN PICTURES Edited by Maija Suova
Published by Werner Söderström
© 1946 (copyright expired)
The picture is entitled "Beauty reaping the harvest"

Right:
FINLAND TODAY
Published by Werner Söderström
© 1948 (copyright expired)

SUOMEN PIIKATYTÖISTÄ

Säälin-tunteella muistelen wielä
Miten piiikatytöt on Suomessa sielä
Joitten pitää talonjussia palwella
Ajokkaana olla kesällä ja talvella
Heille tehtään se wuotinen pesti
Towin se sitte taas hinkata kesti
Palkka wiitisenkymmentä markkaa
Jos alamme siitä tehdä tarkkaa
Niin saamme pian kauhuksi nähä
Että päiwälle tulee sangen wähä,
Tarkon tulee heillä tienatuksi tuo
Sen eteen riehkasee tyttäret nuo
Monta kertaa siihen lähtiä anna
Aina wäsyneenä lewolle panna
Ja aamulla taas nousta warhain
Päiwät tehdä kykyensä parhain,
Talon nawetassa on sarwi-päitä
Piikat saa talwen ruokkia näitä
He saawat ryhtyä töihin suuriin
Wettä kantaa kowaan muuriin
Tehdä lehmille hauwetta kypsää
Mennä nawettaan lehmiä lypsää
Sitte lapiolla luoda niin lantaa
Ja käsissä se tunkiolle kantaa
Mutta piikat ei huoli waiwosta
Menee wettä nostaan kaiwosta
Pitää pakkasessa niin wettä räsiä
Monta-kertaa heillä palelee käsiä
Eikä he saa nyt itseään säästää
Ajallaan pitää töistänsä päästä
Kun ulko-työt heillä päätyy sielä
On emännällä käsitöitä nyt wielä
Ei malta lewolle piikoja myöntää
Yhelle kujelman käteen työntää
Toinen karttaa ja kehrää willat
Ja rukkia niin polkee kaiket illat
Sitte kun alkaa kiireet kesä työt
He saa mennä melkeen läpi yöt
Isäntä lähteepi pelto-töitä ohjaan
Turpeita hajottaan ojia pohjaan
On kuokka-työtä ja potun panua
En kaikkia woi tässä nyt sanua
Wain kokemusta on siihen meillä
Että heinä-aika on kowaa heillä
Eikä se pääty muutamaan tuntiin

FINLAND'S HIRED GIRLS

With compassion I recall the condition
Of Finland's hired girls and their position
They had to serve the man of the manor,
Work like a draft horse winter and summer
They were signed up for a year at a time
They chafed through it for that time
About fifty marks was the annual wage
If you start to figure it out on the average
To your horror you can see in an instant
That the day's wage was but a pittance
Days of hard labor was their lot
But the girls made the best of what they got
Early each morning they got out of their beds
Each night, worn out, they pillowed their heads
To repeat it again the next day somehow
And do her best as her strength would allow.
The cows in the barn were her domain
To feed them all winter her job would remain
That was by no means her only task
There was water to be carried, no need to ask
Feed for the cows must be prepared
Then it was to the barn to milk the herd
Then finally there was manure to shovel
And carry it outside near the hovel
But the maid's not through yet with her labors
Water from the well needs to be fetched
This job in the cold is not much fun
Her fingers are freezing, every one!
Nor can she cease from her labors yet
There are other chores that must be met.
While the outside chores are being terminated
Her mistress indoors with handwork has waited
She gives no time for her maid to rest
But gives her a knitting project out of her chest
Another cards and spins some wool
Or spins some yarn with the spinning tool.
Then comes the busy summertime bright
When they may work throughout the night
The master goes out in his work britches
To direct the work of sodding the ditches
And there's hoeing involved with potato planting
I can't name it all without ranting.
From experience I can recall
That haymaking time was the worst of all
And don't think that in a few hours it's o'er

A Rascal's Craft | 17

Nyt lähetään niin wiikko-kuntiin	But make that more like a week or more
Kaikkia ryömää otetaan mukaan	Along they take everything under the sun
Tyhjänä ei saa käwellä kukaan	The load is carried by everyone
Nyt lasti painaa jokahisen selkää	A load is borne on everyone's back
Eikä sen painoa kukaan pelkää	Each one helps to take up the slack
Piikoja he myös ei tyhjänä paa	Nor do the hired girls get off scot-free
He selkäänsä ison piimäleilin saa,	On each back a large flagon of milk you'll see
Niin pitäwät he palwelus piikaa	That's how the hired girls are treated
Minun mielestä siinä on liikaa	Just thinking about it fills me with dread:
Että kantaa niitylle kuormea noita	Having to carry that heavy load entire
Siellä rämpiä rämehiä ja soita	Tramping through swamp and mire,
Ja wiikko harawoia sekä niittää	Then scythe and rake hay day after day
Myös woima aina pitää riittää,	To say the least, it's not child's play.
Wain se ei sureta tyttöin mieltä	But the girls don't object, no never
Lauantaina tulewat iloiten sieltä	On Saturday they return cheerful as ever;
Wuosi on tehtäwä yhtä luijaa	They labor and toil for a full year.
Se syys-kausi wiell riihiä puija	In autumn threshing time is here
Aamulla warhain olla jo tojesa	She's up with the birds and working again
Päiwä niin muokata riihen nojesa	In the threshing barn pounding the grain
Työnsä he sielläki päättää pian	Sooty and grimy when work is done
Ja pesewät itsestään kaiken lian	They wash and scrub, then have some fun
Niin ruusut taas poskilla hohtaa	Roses bloom on their cheeks so round
Ei ylppeys heitä misään kohtaa	No haughtiness in them is found
Yllään pitäwat tawallista pukua	Her frame carries the plainest fashion
Ei mallista piä he suurta lukua	The latest look is not her passion
Kaikki koreuuten turhaksi kahtoo	That to her is just so much bosh
Työssä he kykynsä näyttää tahtoo	Her pride is in her work, by gosh!
Nöyrä on heillä luonnon-laatu	In spirit she is humble and meek,
Kunnon waimoja heistä on saatu	Just the type of wife a man would seek.
Työmieski heitä hyänään käyttää	A man hoping a good wife to find
Woipi heitän waatimuksen täyttää.	Will find one in her or her kind.

※✿※

THE TORI *OR OUTDOOR MARKET*

Since time immemorial Finland has retained the custom of the *tori* or outdoor market square. This is by no means a flea market type of affair, but a place where one can buy new goods of almost every description—fruits and vegetables, flowers, craft items, and anything else that can be toted by a vendor to an outdoor stall. At times, these market days will have a special feature in that they will include entertainment such as what we would have in a fair. It is this type of event that Eelu describes in the next poem.

The fall market fair in the Oulu tori *in 2000. The tradition is still carried on.*
Photo by Lillian Lehto.

OULUN MARKKINOILLA

On kansa hereillä Suomenki maas
Ja nyt on markkinat Oulussa taas
Tätä nyt maalais-kansaki muistaa
He kiireesti kaupunkiin tulla luistaa
Nyt kaikille kauppa-kiihtoa nostaa
Saawat tawaraa myydä ja ostaa
Ja kaikilla ompi woitoista huolet
Näyttää tawaransa parhaat puolet
Ahkerana kaikki kauppiaat riehuu
Tori niin täynnä wäkeä kiehuu,
On wilkas liike kaikki-alla muus
Markkina touhua jokahisen suus
Setät saapuu maailman laskuun
Monella menee mattiki taskuun
Juomari-poikia tauti niin piinaa
Kun ei saa nyt Oulusta wiinaa
He meuhaapi nuissa olut-kapakois
Ja sitte rypöwät ulkona rapakois,
Saa myös Susiteetissä naukkuja
Sieltä niin kuuluu nyrkin-paukkuja
Heillä niin ryypyt päähän äytyy
Että kadulle heitän huipata täytyy
On jotku liiaksi ryyppiny kaljaa
Kun poliisit heitä putkoon taliaa,
Se harmittaapi maalais-jussia
Kuin ei ole nyt hursti pussia
Mihinkä sais piikatyttöjä wietä
Ja siellä niin tanssin-taidon tietä
Siitä on into niin tyttöinki jalolle
Kilwan menewät palokunnan talolle
Siellä saapi wielä tanssia koittaa
Pelimanni soriasti wiululla soittaa,
Wielä muutakin huwitusta löytää
Kun Limingan tulliin itsensä töytää
Siellä on telttoja kaiken-laisia
Net huwittaapi poikia sekä naisia
Niin tullaan kaikkia iloa saamaan
Ja kansaa menee panu-raamaan.
Pojat wain tyttöin kimpusa hyörii
Kuin tuo kaunis karuselli pyörii
Ja siinä nuo maalais-pojat aijaa
Rinnalla istuu Reetaa ja Maijaa
Pojat polttaa letkäwarsi piipua

AT THE OULU MARKET-FAIR

The people of Finland are all astir
For the market days in Oulu are here
The country folk cannot forget these days
Eagerly to town they make their ways
The excitement of shopping is on their minds
They can buy and sell goods of all different kinds
Everyone is concerned about a profit,
Of his goods wants to show the best side of it
Busily the merchants are bustling about
While the folk in the *tori* are excited no doubt
There's lively activity all around
Commotion and talk fill the background
Old uncles arrive to add to the throng
Some have brought their flasks along
A craving for a drink tortures some lads
For in Oulu a drink of wine can't be had
So they may find a pub for a drink of beer
And soon they're outside in a puddle near
They can also imbibe in the Susiteetti*
One can hear the booming of fists from there
Their drinks are going to their heads
Into the street this drinking leads
Some have tasted too much of near beer
And the cops lead them to the lockup near.
The country bumpkins find it vexatious
That they don't have a place around here
Where they could escort the maids so dear
And engage them in some dancing
This is what the girls' feet are fancying
They race off to the house of the fire brigade
Where they can dance to their heart's content
The man with the fiddle provides entertainment.
Other forms of amusement I might mention:
If you push your way into the Liminga station
There you'll find tents of every kind
They amuse boys as well as womankind
All have come here to experience the drama
And folks are joining the panorama
The boys are hovering around the girls
There where the lovely carousel whirls
The country lads have hopped on for a ride
With a Reeta or a Maija by each one's side
Smoke from his long-stemmed pipe does swirl

20 | *A Rascal's Craft*

Koittawat tytöissä kiinni riipua	While each lad tries to hang onto his girl
Panewat kätensä tyttöin kaulaan	Their hand they drape around her neck
Alkawat markkina-tuurissa laulaan	And soon they break out into song
Siinä he seuran tekoon warttuu	As they move with the crowd along
Tytöt niin poikia kynkkään tarttuu	The girls walk arm in arm with the boys
Iloiten käwelään leikkiin muuhun	As they go in search of other joys
Pojat ostaa nisua tyttöin suuhun,	The boys buy buns for the girls to nibble
Nyt rumput ja kaikki musiikit soipi	Drums and other music is all around
Hywin myös aikaa kuluttaa woipi	More entertainment can be found
Kun saa nauttia markkina juhlaa	When one spends time here on market days
Moni täällä myös rahansa tuhlaa	One also spends money in many ways
Kun wiisaat kaikkia keinoja käyttää	The clever will use tricks of every kind
Ja tyhmät niitä katsomaan täyttää	The foolish fall for them as if they were blind
On markkinat taaski mennyt näin	So the market days are over once more
Kaikki jo lähteepi kotiansa päin.	And everyone heads for his own door.

*The Susiteetti is a notable nightspot in Oulu, established in 1849, and still in existence.

※✿※

EELU'S ARMY DAYS

During Eelu's time in Finland, the country was a Grand Duchy of Russia. However, in the 1870s the Finns were allowed to establish their own army. This army was not to serve beyond Finland's national boundaries, except in the extreme emergency of a threat to the Czar's throne. It is in this army that Eelu served. Although the officers were Finns, the commands were in Russian, as Eelu was to find out.

In 1901 the Czar imposed new regulations on Finland, and the existing Finnish army was dissolved. From this time on, conscripts were in the Russian army. The task of the army was defense of the throne and the fatherland, but now the fatherland meant not the Grand Duchy, but rather the entire empire of Russia.

In the foreground, the army barracks in Oulu, where Eelu spent three years, 1895-1898. From OULU, KOSKIEN KAUPUNKI by Uuno Laukka © 1951. Used by permission.

TERWEHTYS NAHKAPOJALLE	**A GREETING TO A NEW RECRUIT**
Mistä lienee liwahellu	Here comes a new recruit,
Nahka-jussi juoksennelu	A young greenhorn, so tender
Tänne Ouluun oppimaan	To Oulu, here to learn
Miehen tapoja taipumaan	Manly ways in this caserne
Sota-mieheksi sointumaan	Into a soldier to evolve,
Maamme wartiaksi warttumaan—	To guard our land with resolve—
Täällä nyt oikeen opettelet	Here you will shortly learn
Sota asioita ajattelet	War affairs to ponder,
Niitä mietit mielessäsi	In your mind them to rehearse
Tuossa käytäwässä käydessäsi	As these walks you traverse.
Kun sinua kowasti koulataan	When difficult your training
Niin ankarasti ajetaan	When you are ever straining
Että sian-nahka sinisenä—	As you turn all black-and-blue—
Wälkkywi monen-wärisenä	As well as many another hue
Kunnes selwiää seljästäsi	As your back recovers
Tuosta ruskiasta rungostasi,	And it recovery discovers
Sitte tulet sinä tuntuneeksi	Then you will have experienced
Tämän koulun kokeneeksi	And undergone this schooling
Kun täällä aikasi astelet	When you have trained hard,
Kolme vuotta koittelet	Experienced three years here
Sotilas temppuja teeskennellä	Performed the soldier's tricks
Tuota kiwääriä kiristellä,	When handling your rifle
Siihen halulla harjotella	Practicing intently
Käsissäs liukkaasti liikutella,	Handling it deftly as you should
Tehdä käpiöitä käänöksiä	Performing turns smartly
Kiwääri temppuja teräwiä	And rifle tricks sharply,
Saat sinelliä silitellä—	Learn to care for your overcoat—
Sitä rullalle rutistella—	Press it with a roller—
Pittää ottaa ojennusta	When you learn to take correction,
Siihen tuta tuntumusta	Bear it with acceptation,
Tehdä kiertoja kiwakoita	Then do your turns smartly,
Jalan nostoja nopioita,	Raise your feet quickly,
Wehata kohta komiasti	Perform all brilliantly,
Pistää tiukata tukewasti—	Thrust the blade firmly—
Niin kätes usein uuwuksissa	Even with your hand exhausted,
Ompi wallan waipuneena,	Ready to collapse,
Tehdä ampuma asennoita	Assume a firing position,
Oppia muita olennoita	Learn other fundamentals
Oppia wenäjäksi wellomaan	Learn to grasp the Russian commands
Kaikki komennot korwissasi	As they're ringing in your ears,
Saat woimistella woimakkaasti	When you can exercise robustly
Niin aamut suoniasi sujutella	As your veins you stretch each morn
Liikkeitä rauwassa rakennella	Perfect your moves with weights
Noja-puissa notkistella,	Limber up on the parallel bars

A Rascal's Craft | 23

Puun päällä pullistella	Exert yourself on the pommel horse,
Sekä renkaissa reikistellä	Swing on the steel rings
Ja käsi woimin käyskennellä	And give your hands a workout,
Hyppiä kowin korkialta	Jump from very high
Wälliin astella alawati,	And at times crouch low
Saat askelittain alotella	Learn your steps,
Lankku marsia makustella	Practice marching on a bridge
Siinä rumpulla runkutetaan	They'll be beating on a drum
Wielä palikalla paukutetaan	And striking on a stick;
Saat marsia mahtawasti	You will march smartly
Lyödä kawijua kauhiasti	Stamp your feet frightfully
Että kinttuja kipu kiristeleepi	So the backs of your knees tighten
Pahon koipeja koitteleepi—	And your shanks are aching—
Pittää juosta juonewasti	You must run swiftly
Ottaa tahtia taitawasti	Learn to move rhythmically
Että wesi waluu waattehista	Until the sweat drops off your clothing
Runsahaasti ruumiistasi,	In profusion off your body.
On täällä olo onnetonta	Existence here is miserable
Tämä nahka-talwi tawatonta	During this time exceptional
Sinua raskaaasti rasitetaan	You will be tried severely
Woimiasi kowin koitetaan	Your strength be tested harshly
Kaiket päiwät karjutaan	Shouting you'll hear daily
Illalla luokalla lujetaan,	In class you'll sit at even
Sinua aina ajetaan	You'll be forever driven
Lepo hetkinä heilumaan	Of rest you'll see so little
Halkoja kaikin kantamaan	There'll be wood to carry
Sekä lumen luontihiin	And snow at times to shovel;
Wielä keittiöön keräytään	And then the kitchen duties
Kaikki yhdessä yhytään	There you will gather
Perunoita kuorimaan	For potato peeling duty
Sinne illaksi istumaan,	There to sit all evening.
Täällä työhön työnnetään	Here you're put to work
Sekä käymään käsketään	Forced to follow orders
Eikä saa sanoa sanallakaan	Not a word of protest
Et wastaan otella ollenkaan	May from your lips proceed
Mutta hiljaa kuunnella kurinata	But one must listen to the growling,
Kaiken mailman marinata,	To every kind of nagging
Mennä aina ahkerasti	One must perform with diligence
Joka käskyyn joutusasti	Every command speedily
Wielä mokomasti moititaan	Then without fail be criticized
Ja hankalasti haukutaan	And suffer all the scolding.
Jos olet tollo toimimaan	If you're slow to perform
Oikeen huono oppimaan--	Rather slow at learning
Kuulet kowaa komentamista	You'll hear strong reprimands,

Niin kauhiaa karjumista—
Että alkaa lujua luontosi
Sun paha-sisu sitkistyä—
Kun saat aina asuskella
Kasarmin sisällä kapistella
Niin ilta-puheet istuella,
Ja aamu-kauet askaroia
Neulaa helmassa heilutella
Waate resuja warustella
Niitä kuroa kunnialla
Joka kahta korjaella.
Saat lakasta lattioita
Tomut pyyhkiä pyhäksi—
Sinua runsaasti ruokitaan
Ompi saiju saatawana
Joka aamu ateriaksi.
Niin opit liukasta liikantoa
Oikiaa sotilas olentoa,
Kunnes palwelus pakeneepi
Kaikki kuitiksi kuluneepi
Niin olet soturi soriampi
Maamme wartia wakawampi
Että puollat puhtahasti
Isän-maata innokkaasti.

—*Eelu Kiwiranta, wanharyssä**

Such terrible yelling—
That will toughen your temperament,
Strengthen your character—
As long as you remain there,
Remain within the barracks
Sit at evening bull sessions,
Discharge your morning chores,
Learn to manipulate a needle,
Take care of your uniform,
Keep it neat and spotless
And repair when needed,
You'll need to sweep the floor
Dust the place for Sunday—
But you'll be fed in ample measure
Every morning you'll receive
A hearty forenoon meal.
When you have learned these lessons well
How to be a proper soldier—
When your time of service ends
When you receive your discharge
You will be a soldier
Of whom your country can be proud
One who will serve faithfully
And defend our fatherland so eagerly.

—*Eelu Kiviranta, an old Russian**

At this time Finland was under the rule of Russia and technically the people were "Russian."

A Rascal's Craft | 25

AT THE ÅSTRÖM LEATHER GOODS FACTORY

After his stint in the army, Eelu worked for three years at the Åström Leather Goods factory, 1888-1890. It is here that he met his future bride, Kaisa Vehkaperä from Haukipudas, just a little north of Oulu. She was probably working at the factory as well. Eelu and Kaisa were married on April 4, 1900.

*On the far side of the river is the Åström Leather Goods Factory.
From OULU, KOSKIEN KAUPUNKI by Uuno Laukka, © 1951. Used by permission.*

EELUN ELÄMÄSTÄ	*EELU'S EARLY DAYS*

Mä muistan senki ajan wielä	I still remember those early years
Mitenka olin minä Suomessa sielä	In Finland; they're crystal clear
Kuusi wuotta asuskelin Oulussa	Six of those years in Oulu were spent
Ensinnä olin minä sotilas koulussa	Where to be a soldier I was sent
Se aika oli monta-kertaa nuria	That time was often miserable and more
Aina kuulla ankaraa sota-kuria	Having to learn the discipline of war
Ja riwissa piti liukkaasti kääntyä	We had to turn briskly again and again
Wenäjäksi joka-suunnalle wääntyä	To directions that were given in Russian
Kiwääri oli nyt kädessa mulla	I carried a rifle on my shoulder
Temput piti myos sujuwia tulla,	Perfectly performed every maneuver.
Kolme wuotta piti niin wehtailla	Three years I had to play at this game
Sitte olin mä Ooströmin tehtailla	Then to the Åström factory I came
Wietin nuoruuten ajan parhaan	Where the best years of my youth were spent
Tulin mailman awaraan tarhaan	And in the wide world I became content.
Tehtaalla tejin minä kintas-työtä	In the factory we made goods of leather
Sain tyttoinki kansa leikkiä Iyödä	And had fun with the girls in all kinds of weather
Niistä minä pykäsin oiwaa laulua	I composed some excellent songs about them
He oli mua antaa wasten taulua	But the girls considered that a problem
Niin kowat wihat heiltä mä sain	They got so angry at me, every one
Ja kaikki oli se rakkautta wain	Although it was just all loving fun
Hauskasti siellä nyt kului päiwät	About my days there I can't complain
Ne ajat ijäti mun mieleeni jäiwät	They forever in my memory will remain
Niin mä nuori ja naimaton sillon	I was still young and unmarried
Sain tyttöin kansa wästätä illon	In the evening with the girls I tarried
Siihen olin minä kaikista paras	At this I was the very best
Enkä ollu yhten tyttären warass	And I didn't have just one conquest
Aina olin mä ilonen pojan-jäärä	I was always a happy guy
Helluja oli minulla hywä määrä	Of sweethearts I had a good supply
Niisä oli Reetaa Liisaa jos Hildaa	There was Greta and Lisa and also Hilda
Niin wietin monta hauskaa iltaa	And there may have been one named Tilda
Enkä raha-markasta pitäny rajaa	I kept no track of the money I spent
Kun sain tyttöin rinnalla ajaa	In the girls' company I was content
Huvipaikat minä hywäkseni kahton	I searched out a suitable lovers' lane
Siellä tyttoin kanssa olla tahton	There I'd stroll and the girls entertain
Kadulla käydess oli sama huoli	On the street it was the same charm
Paras turwani tyttoin käsi-puoli	The best refuge was a girl's arm
Tyttöjä pidin mä tarkalla waarilla	Girls were just always on my mind
Niitten kansa istuin hupi-saarilla	At the amusement park I'd find
Ja aina puhelin lemmen paulasta	Those who spoke of the bonds of love
Hartaasti heitä puristin kaulasta	I gave them hugs they'd been dreaming of
Hellästi antowat he minulle suuta	Tenderly they gave me kiss after kiss
Monta rakkauden temppua muuta	I must say it was a state of bliss
Lempi-tuumat minulla wain piisasi	I had no shortage of words of love
Ne yhteis-elämän kauniiksi wiisasi	But I dreamed of a life with my own true love

A Rascal's Craft | 27

Niin aikani sitäkin lystiä nautin	For a while I enjoyed this fun on the town
Sitten heistä iki omani sautin	Until finally I found my very own
Me tehtiin siinä niin liitot lujat	Together our solemn vows we made
Yhdessä kulkia maailman kujat	The paths of life to walk side by side
Nyt alkoi elämäni toisen-moista	My life was entirely different with her
En rakastellu niin yhtä ja toista	I no longer longed for any other
Ei sopinu tarttua joka-tytön aisaan	With my own Kaisa I was content
Piti nyt tyytyä omaan Kaisaan,	It was for me that she was meant
Wain elämä oli nyt kuitenki soma	No longer in this life was I alone
Kun hellu oli se wakittu ja oma	A sweetheart I had of my very own
Tiesin kenenkä wiereen nyt meen	I knew I belonged by this girl's side
Ja minkä eteen työtä myös teen	I did my work for my beautiful bride
Eikä rahaa sopinu turhaan päntätä	No longer was my money foolishly spent
Niillä piti heti huoneet räntätä.	It was needed now for rooms to rent.

ERÄS ILTA KASARMILLA

Oli yksi ilta niin tyyni ja pimiä
Minä hartaasti muistelin Kultani nimiä
Mutta en päässyt mun Kultani parteen
Menin ulos ja istuin yhteen aito warteen
Kun aina nuo sota äänet niin pauhaa
Ettei niiltä saa täällä misään rauhaa,
Jota halusin minä aina joskus saata
Panin ruohikolle siinä nyt maata
Siinä minä jonku aikaa mietin
Niin yksinäni sitä iltaa wietin,
Alkoi mun mieleeni mietteitä tulla
Sain siwiili-kansa elämää kuulla
Se tuntui olewan niin wapaa heillä
Ei ole orjuutta niinkun on meillä
Me jotka asumme täällä ruunun talossa
On orjuus meillä päässä sekä jalossa,
Se toi minun mieleeni monet aiheet
Kun kuulin ne siwili-kansan waiheet
Saa pojatki niin kulkia kultansa luokse
Wain minä en tästä nyt mihinkään juokse
Kun sota-kuri niin pälleni painaa
Ja komennot kaikuu korwissa aina,
Lieneekö tuo nyt Luojalta suotu
Että minäki olen sota-mieheksi luotu
Jos saisin mailmassa wielä kerran
Päästä wapautta jonku werran
Oi kuinka iloinen minä sillon oisin,
Myös kultaniki tykö kulkia woisin—
Se tunne nyt mieleni mustaksi weti
Muistui rakas kultani mieleeni heti
Wain hän on minusta kaukana tuolla
Tämän Kasarmin aitauksen ulko-puolla—
Niin mahdoton ompi luoksensa mennä
Kuin en minä kotkan siiwillä lennä
Iloa en minä nyt huomaa misään
Kun olen wankittu aitauksen sisään,
Suru wain nuoren sydämmeni täyttää
Täällä pyhä-päiwätki pitkälle näyttää,
Näin olen parhaassa nuoruuten ajassa
Wietän päiwäni murheitten majasa
Sillon ilot minulta poies jäiwät
Kun alkoi nämät orjuuten päiwät.
Ei mikään täällä mua huwittaa woi
Kuin oman kultani ääni ei soi

AN EVENING IN THE CASERNE

It was an evening calm and dark
My sweetheart's name did fill my thoughts
But I couldn't get to my sweetheart's side
So I went and sat a fence alongside
For that dreadful war din never seems to cease
So that one can't escape for a moment's peace
Which I sometimes longed to realize
So I lay down in the grass to fantasize
There I lay a long while in thought
All alone and somewhat distraught
Reflections began to run through my mind
About the civilians outside and the kind
Of freedom they all can share
They aren't in slavery as those of us here
Who now live in the house of the Crown
Our slavery just serves to keep us down
Thoughts of my present life became blurred
When the sounds of civilian life I heard
Those boys can visit their sweethearts at will
While I am left here to remain still
This army life is becoming oppressive
Commands in my ears are becoming offensive
Perhaps the Creator has decreed
That a soldier's life I must lead.
If somehow I could get to the outside
And be free for a while in the world so wide
Oh, how happy I then would be
To my sweetheart's side quickly I'd flee—
These thoughts led me into deep depression
Thoughts of my sweetheart caused great agitation
So far away is her residence
On the other side of this hated fence
I cannot leave here and seek her caress
Since the wings of an eagle I do not possess
All joy has departed this world of mine
Since this fence does this prisoner confine
My youthful heart is with sorrow filled
Even holidays here are no longer a thrill
I'm sacrificing the best years of my life
Cooped up here in this place of strife.
All joy I had was left outside these walls
When a slave I became to these roll calls
Nothing gives me pleasure any more
Since my sweetheart's voice I hear no more

Siita on minulla aina mieli-kaipuu
Sydämmeni tahtoo suruun waipua
Tämä suru mulla syntyypi sen wuoksi
Kuin en pääse nyt kultani luoksi
Joka on aina minulle niin tärkiä
Että alkaa aiwan sydäntäni särkiä
Sillä hänelle kerta sydämmeni annon
Ja sillon kahten kesken sen wannon
Että omaksesi tahton kerran tulla
Ja olla aina iki iloksi niin sulla
Sitte lempeni laitamme yhteisen majan
Kun palwelen täällä määrätyn ajan
Näin aitauksen sisäällä nyt olla saan
Yksi-toikkosta ompi elämäni waan—
Siinä nyt olin minä tunnin werran
Hiisi johti sinne yhden sota herran
Hän tuimasti käweli heti minua kohti
Ja Komppaniaan hän minut sieltä johti
Niin tulin minä rauta-sänkyyni maate
Ja tämmönen oli minun mieli-aate
Täällä ei ole kyllä rauhasta paikkaa
Nuita sen wietäwiä kulkia saikkaa
Ja liika paljo he waltojansa käyttää
Täällä kolme wuotta pitkältä näyttää
Sitä mittasin mielessäni niin tämän ehdon
Kunnes nukuin siihen rauta kehtoon.

—*soturi*

I long for her, oh, so very much
My heart yearns for her sweet touch
All these sorrows are caused by the fact
That I can with my sweetheart make no contact.
This has always been important to me
My heart breaks if her I can't see
For to her I have my whole heart given
And a vow I made before heaven
That forever for her I would care
And together our joys we would share.
And then, my love, we'll build a little hut
After time here I've spent somewhat.
But here within this fence I remain
This boring life is for me a pain—
Here I remained for about an hour and
The Devil himself took things in hand
For an officer appeared on the scene
He directed me with countenance mean
And I soon was in my iron bunk
But now I was in a terrible funk.
Why can't a man have any peace here
Those rascals just want to pull their rank
Their power has gone to their heads, I think.
This three-year stretch seems an eternity.
For a while I pondered this in my mind
Until sleep in my iron cradle I did find.

—*a soldier*

ARESTISSA OLLESSANI

Minä kaupungille tejin pikku huwi-retken
Ja kapakassa wietin siellä ilta hetken
Minä saarnasin siellä lystejä juttuja
Siellä oli minulla niin hyviä tuttuja
He hywää sydäntä siten minulle kanto
Että monta lasia he olutta mulle anto,
Hyvin oli nyt kaiken-päin siellä asia
Niin kilistellessä niitä kirkkaita lasia
Mutta sepä kaljahti minulle niin aiwoin
Että kasarmille woin kävellä waiwoin
Minua wääpeli nuhteli heti oiwa lailla
Miksi olet käyny sä oluen mailla,
Mun luontoni tahtoi olla wähän huria
Kohta joutun kärsimään sitä sota-kuria
Ja siihen minun myös tyytyä täyty
Kun oli kerta niin kapakassa käyty,
Joka ankaran sota-lain laimi lyöpi
Sitä luvatonta wiinaa ja rieskaa syöpi
Niin herrat ei sitä anteeksi heitä
Eikä he miesten wirheitä peitä
Se rikos oli minun mielestä pieni
Mutta arestiin oli nyt minun tieni,
Nyt olen minä vasta oikiassa opissa
Kun wietän aikaani täällä aresti-kopissa
Ruunu kun paholle paikat laittaa
Sinne ei pahatkaan myrskyt haittaa
Joka-seinä on arestissa jäykkä ja nahti
Ei kuulu maailman meno eikä mahti
Täällä saan olla kun lintu häkissä
Tahika niin kun pikku sika säkissä
Nyt aresti on minun asuin maja
Ei kukaan mua täällä riwiin aja
Eikä ole myös he mirnaata wailla
Saan olla wain minun omalla lailla
Mutta korwissa kaikuu kovat sota-wiimat
Hywin hitaasti täällä myös kuluupi tiimaat
Päiwät tahtoo kowin pitkäksi tulla
Kun ei ole mitään huvitusta mulla
Täällä saan tutkia tuota sota lakia
Tänne jouduin muutaman olut-lasin takia,
Monella myös arestissa mielikin muuttuu
Ja paljo esineitä arestissa puuttuu
Ei ole täällä ei pientäkään pöytää
Eikä woi kaulaansa kastinta löytää.

SPENDING TIME IN THE BRIG

I took a little pleasure trip into the city
And went to a tavern—that was a pity
There I told some jolly tales
For I was among friendly males
They treated me in a way so friendly
And offered me a glass, even two or three
Everything now seemed to be all right
As I struggled with those glasses bright
But suddenly it seemed to affect my brain
To the barracks I could barely walk again
The sergeant lectured me in first-rate style
"Why did you go to that place so vile?"
My disposition was rather reckless just then
And I was to suffer proper army discipline
I had no choice but to acquiesce
Since, no denying, I had visited that place.
He who violates army regulations
And partakes of those forbidden rations
Won't find forgiveness from the brass
They don't overlook a soldier's lapse.
To me the crime seemed rather small
But I was in the lockup by nightfall
Here I was to learn my lesson well
After spending time in this miserable cell.
When the Crown prepares the wicked a space
Even a storm can't invade that place
Every wall in the cell is solid and strong
The din of the outside world is gone
I feel like a bird in a cage on a rack
Or like a little piglet in a sack
Now the brig is my home for a time
No one's here to command me in line
No one demands anything of me
Any way I please I can be
But the drafts of war still ring in my ears
Time here slows down, it appears
The days do seem incredibly long
With no entertainment the day livelong
But now I can review the rules of war
So the beer-rules I won't break anymore
Many in the brig will have a change of heart
When in this fashion they're set apart
There are none of the comforts of home
Nor a drop to drink in this gloom

A Rascal's Craft | 31

Ei ole lupa myös arestissa laulaa	One is also not allowed to sing at all
Ei ole seinällä ortta eikä naulaa	There's not a beam or nail on the wall
Eikä katossa myöskään sen laista karttua	Nor does the ceiling have any kind of rod
Mihin sopis huwikseen kiikkumaan tarttua	Where one could swing—it seems odd
Koko elämä-kertani nyt mieleeni muistuu	That my whole life now comes to mind
Arestin seinät hywin kapialle suistuu	The walls of this room are so small I find
Ei ole tilaa hypellä eikä hyöriä	There's no room to jump or do more
Owessa on reikä pieni ja pyöriä	There's a very tiny hole in the door
Siittä wartio-mies warttua koittaa	Where the guard can peek in and see
Ettei surma sais mua woittaa.	That death will not overtake me
On pieni ikkuna myös aresti majassa	There's a small window in this sty
Wain sekin on ylhäällä katon rajassa	But it's up near the ceiling so high
Ei siitäkään ulos nyt silmillä saata	To see outside it's out of reach
Niin enimmät aikoja koitan maata	Most of the time I try to lie down
Mutta ronkat siinäkin heltyypi kohta	But my bones protest against my hide
Kun wuoteita eivät ne arestiin johta	For a decent bunk they don't provide
Saa maata wain tuossa kovalla lavalla	I'm forced to lie on that hard plank
Usein nousen hyppiin meilettömä tawalla	Often I get up to jump around in this tank
Mutta ruumiin rawinto tännekki suotaan	But they do bring food to this cubbyhole
Ruokaa kuin linnulle häkkiin tuotaan.	Enough for a bird or maybe a mole
Arestissa olo ei ole kyllä jalua	Life in this lockup is a fright
Eikä pimiän aikana mitään walua	When night comes there is no light
Mutta mitäpäs minä niin tästä nyt huolin	But what care I though for a few days
Kun kerta niin olut-lasin nuolin	I'm cooped up here because a glass I did raise
Lystikseen tätäki nyt nauttiipi kerran	I'll consider this all a bit of fun
Ja ainoastaan kolmen-päivän werran.	And after three days my time will be done.

LIFE in AMERICA

❁✿❁

A TRAMMER'S STORY
A HETSI FEEDER'S TALE
A FINLANDER'S FEELINGS ABOUT AMERICA
A FARMER'S FREEDOM AND WORK
ON THE ROAD
THE WINDING COURSE OF MY LIFE
A RASCAL'S CRAFT
WHO BUYS POEMS?
KAISA MOST PRECIOUS
IN MEMORY OF IDA KIVIRANTA

RAMMARIN KERTOMUS

Kun tulin minä tänne kulta-maihin
Heti alon työni juuri tähän laihin
Ja pantiin palawa lamppu ohtaan
Niin lähin maini-työtä kohtaan,
Mun mieltäni monet ajatukset johti
Kun laskettiin sywyyttä kohti
Siellä pimeys joka-paikan täyttyi
Se kyllä hywin kamalalta näytti,
Sitte kun kipasta lewenille kämmin
Minut waltasi pian tukala lämmin
Piti kaaran korvaan tarttua heti
Se ristin perään minut weti
Nyt rupesin työhön kupari-mainiin
Siellä pääsin kiwien kansa painiiin
Piti nyt löytyä minultaki kuntua
Kowalta tahtoi rammaus tuntua
Kiwi-pailiin työläästi lapio painui
Sitä puskiisa meni woimani ainu
Myös sylin piti isoin kiwiin tarttua
Ja kuorma piti kaaraan karttua
Nyt joka-jäsen niin kipysi mulla
Myös käsiini alkoi känsia tulla,
Ja sitä kauhiaa kaaran puskua
Ei woi nyt serwiisi-miehet uskua
Minä kaiken kykyni panna sain
Että silmät alkoi sädehtiä wain
Hopusti piti aina täyttää kaara
Wäliin pelkäsin hengen-waaraa
Kun hengelis aina löysiä rippuu
Niin koska net sieltä alas tippuu,
Se oli kyllä aiwan miulin työtä
Että aina kiwiä niin kaaraan Iyötä
Ja sitte wielä kaarat puskia
Oli myös paljo muitakin tuskia
Kun kaaraki tumppasi räkilta pois
Jota en mina koskaan suonu ois
Sita sai kaikkensa haalata siita
Ettei kärsimys tahtonut riittää,
Ja tahdon myöski mainita wielä
Että wälliin piti raputa sielä
Siinä ne kintut alkowat waipua
Polwet wapisten maahan taipua
Ja meinasin sitä pahasti wierua
Kun kengät alkoi jalkoja hierua

A TRAMMER'S STORY

When to this Eldorado I came
Immediately I went to work at this game
They placed a burning lamp on my forehead
And toward mine-work I next was led
All kinds of thoughts into my mind did creep
As we were lowered into the deep
Everywhere was pitch black darkness
Against one's mind it seemed to press
When I scrambled out of the skip
A discomfort seemed my head to whip
To grab the car I had to bend
I almost thought this was the end
I had started work in the copper mine
To wrestle with rocks I couldn't decline
I tried to find strength from somewhere
This trammer's work was hard to bear
I sank my shovel into the rock
Pushing it down was really a shock
And we had to move big rocks by hand
So the rocks into the car would land
Now every muscle of mine was sore
And ugly blisters my hands bore
Pushing the cars was such a strain
You cannot imagine the awful pain
I had to exert all the strength I could muster
I saw stars in my eyes—cluster after cluster
We had to work so blasted fast
Sometimes I feared my life wouldn't last
Hanging overhead there was loose stuff
I wondered whether it was secure enough
This was work for a mule, or maybe an ox
To be constantly filling cars with rocks
Then pushing the cars was a real pain
There were other tortures: let me explain
When the car would jump off the track
We had to try to get it back
It took all one's strength that mess to fix
We had to resort to all kinds of tricks
And now I also want to mention
They came up with another invention
Here our knee joints would give way
Our shaking knees would begin to sway
And I began to have other woes
For my shoes now were rubbing my toes

Kaswot mustui lampun sawusta	My face got blackened by the smoke
En mä tykänny siitään mawusta	Neither was the smell a joke
Siittä en myös tykänny koskaan	And I found it so utterly disgusting
Kun waattet niin rypöy moskaan	To have that filth to my clothes clinging
Päältäni alkoi hiki myös juosta	The sweat down my face was dripping
Niin täysin oli tekemistä tuosta,	The work was so utterly exhausting
Kyllä moni mies sen tietää juuri	Many a man now knows for sure
Että rammerin työ on liika-suuri	A trammer's work is too hard to endure
Kykyä se wain mieheltä kysyy	Too much of a man it requires is plain
Joka siinä työsä wuosia pysyy	Whoever decides in that job to remain
Hän ompi kaikista kurjin täällä	Is a most unfortunate one at best
Ei pientä armoa koskaan hällä	He receives no mercy and no rest
Hänet koitetaan kerralla tappaa	It matters not if they work him to death
Henki ja elämä poijes lappaa	He may have to give them his last breath
Kun määränä ei ole muita mittaa	When nothing of him is demanded
Wain kuormat täysiä panna pittää	But to keep the car fully loaded
Joutua wuorolleen kippaa kaataan	First he has to dump the skip
Heti uutta taas puskeen ja raataan	And fill it again up to the lip
Ja usein huutaa muuan pakana	And often the heathen at his back
Sitä horioppia niin selän takana	Are yelling at him to pull up the slack
Sitä on myös huolella paasi	And the worried boss is about to explode
Josko nuo täyttä kaaraa kaasi,	"Did they empty a full load?"
Ei täällä ole kyllä rapiaa mikään	A trammer's work is hard to bear
Löytyykö rammerian wertaa ikään	To it nothing else can compare
Sitä japia en tahdo mä kiittää	In that work I did not belong
En myös kauwan tykänny siittä	And I didn't do it for very long
Tejin sitä wain wiitisen kuuta	I was there for five months spare
Sitte alon katsella muuta.	Then left to look for work elsewhere.

✿✿✿

THE STAMP MILL

The Kivirantas lived in Redridge between 1904 and 1907. Eelu worked in one of the two stamp mills there, the Atlantic or the Baltic. The italicized words in "A Hetsi Feeder's Tale" are Finglish terms conceived by Finnish workers who had no words for those items in their vocabulary. With the help of people familiar with stamp mills, we have come up with the following probable translations for the italicized terms:

- Hetsi—heads (stamping heads)
- Mortteli—mortar (as in "mortar and pestle")
- Peli—might be a Belly Helve hammer, a massive powered hammer
- Syytti—"chute"
- Pöytä poika—"table boy", the guy working at the table
- Lonteri—"laundry," as the product was washed and filtered several times in the area called the laundry

A Hetsi feeder was probably a crusher feeder, which in the quarry industry is one who feeds broken rocks into a crusher after it is dumped from trucks or cars by pushing it down a chute with a shovel or bar.

For those of you unfamiliar with the copper mining industry, it is a three-part process. 1) The ore is dug out of the ground (for this there were mines); 2) The ore is transported to a stamp mill, where a pounding process separates the ore from waste material; 3) The ore is processed in a smelter where it is melted under very high heat, then formed into solid bars called ingots.

The Baltic stamp mill in Redridge.

36 | *A Rascal's Craft*

HETSIN SYÖTTÄJÄN RUNO	A HETSI *FEEDER'S TALE*
Moni on täällä jo hetsiä syöttäny	Many have already fed hetsis here
Werrattoman kiwistön hienoksi lyöttäny	Broken up rocks from far and near
Mutta runoa ei siitä ole tehny kukkaan	But no one has put it into rhyme
Kaikki owat istunu aikansa hukkaan.	They've sat around just wasting their time
Wain sattu olemaan se onni nyt mulla	But I happen to have the good fortune now
Että minäki sain hetsin syöttöön tulla	Of being here to feed the *hetsi* and how
Ja minulla on entinen tapaniki myös	And it also is my lifelong habit
Että runo on tehtävä tässäkin työs,	To do a job and then write about it.
Niin koitan nyt muutamia wärsyjä kosata	So I'll try to create a few lines
Waikka waikia minunki on kaikkia osata	Although that may be difficult at times
Sillä järki ei pääse siinä oikeen heraän	Since it's tough for time to the brain to lend
Kun alti on wahattawa hetsin perään	When one must always the *hetsi* tend
Sitä aina saa silmät pyöriänä warttua	It disturbs one's peaceful state to watch
Ettei kiviä saa liiaksi mortteliin karttua	That too many rocks into the *mortteli* don't catch
Hetsin syöttyä ei sowi werrata muihin	A *hetsi* feeder's job can't compare
Eikä myös serwiisi töihin nuihin	To another job anywhere
Joisa paasi aina miesten kimpusa wahtaa	Where the boss sorely harasses them
Josko joukossa laiskoja olla mahtaa.	To make sure laziness isn't a problem.
Wain hetsisä on kokonaan erilainen tapa	But a job at a *hetsi* is one of ease
Ja syöttäjällä työ aina niin wapa	The worker has no one to try to please
Kukaan ei hänen perään kahto	No one's watching his every move
Eikä sen enempää tekemään tahto	And he doesn't have anything to prove
Ei tarwitte huolia mistään muusta	He doesn't have to worry about anything
Kun kiwet ei lopu wain hetsin suusta	As long as the rocks are entering
Se on kyllä hänen huolella piettäwä	Into the *hetsi's* mouth—that's important
Myös hetsin laatu muutenki tiettäwä	To know the nature of the *hetsi* he must
Muen särkis se kiwejä oiwa lailla	Otherwise the rocks would break improperly.
Sitä on wain mylly runneri wailla --	That's all the operator of the mill demands
Ja tahtoo aina tasasen syötön pittää	That the rocks be fed steadily by his hands
Sitte ei hänellä ole sanomista mittää,	That way he will have no complaint.
Hetsin syöttäminen on tarkkaa työtä	Feeding a *hetsi* is exacting work
Kun ei sais raskaasti peliin lyötä	One should not strike the *peli* with a clang
Eikä sais myöskään kattoon paukkua	And neither on the roof should one bang
Jotta runnerin pitää wäläwiin laukkua	So the operator won't have to rush to the valve
Jos syöttäjä epä-säännöllisesti syöttää	If the feeder feeds it in the wrong way
Että liiaksi peliin tahi kattoon lyöttää	By hitting the *peli* just any way
Heti runneri opsteessa tuimasti wahtaa	The operator upstairs keeps a watch so careful
Se lewollista istumistaan häiritä mahtaa.	It might disturb his state so peaceful.
Hetsin syöttö ei miestä paljo waiwaa	*Hetsi* feeding doesn't overexert
Eikä hartia-woimia esille se kaiwa	Nor does it require much muscle-work
Se enemmite on wain kewiää hommaa	Actually, the work is very light
Wain muuten niin omituista sommaa	Although it has its peculiarities all right
Aina pitää hänen paikalla pysyä	You must always remain at your station, or get

Speerhänniltä tarpeelle lähtöki kysyä	Speerhan's permission to go to the toilet
Ja istua saa niin että takapuoli puuttuu	And you have to sit till it tires your butt
Sen takia siihen japiin muutamat suuttuu	So some get disgusted with the job somewhat
Waikka todella ei sitä moittia saata	But one really shouldn't complain
Siinä usein saapi melkeenpä maata,	For at times one can almost recumbent remain.
Kun joskus on oikein rouvia kiwiviä	Sometimes there are very large rocks
Ettei reikään mahu niitä kahta riviä	Which won't fit in two rows in that box
Ne yksitellen sopii wain hetsin suuhun	You must feed them singly into the *hetsi*
Niin sillon ei siinä jouda muuhun	Then you have time for nothing else
Saa kiveä sinne pukkia minkä kerkiää	You have to shove rocks as fast as you can
Niin tuskin peliin lyömästä herkiää	And try not to hit the *peli*
Tahtoo wielä mennä reikäki tukkoon	Then the hole starts to get plugged
Myöski ylä-puolella syyttiki lukkoon	And the *syytti* becomes locked
Sinne saa sohua paarin kärkiä	You have to poke it with the end of a bar
Ja laakat pitää wasaralla särkiä --	And break the flat pieces with a hammer
Sitte wielä laattialle nakella mässit	Then throw the mess on the floor
Ja samoin muutki isot kiven pässit	As well as other large rocks
Puunpalukat myös on pikattava pois	Pieces of wood must also be removed
Ettei ne pöytä-pojalle kiusana ois	So they won't aggravate the *pöytä poika*
Niin kylliksi kiire on sillä kertaa	At such a time one keeps very busy
Ei miettiin jouda minkään wertaa.	One can't be thinking of anything else.
Wain taas kun kivi heinoksi waihtuu	But again when the rock is fine
Pois syöttäjältäki myös kiire haihtuu	The feeder is no longer as busy
Kun joskus peliin silmätä muistaa	As long as you remember to glance at the *peli*
Kivet wain lonterissa luistaa	The rock will flow nicely in the *lonteri*
Hetsi niin woimakkaasti käytä jutkii	The *hetsi* will just hum along
Syöttäjä myös istuu ja asioita tutkii	And the feeder can just sit and think about things
Antaa hukkinsa lonterin laijalle waipua	Let his hook rest on the edge of the *lonteri*
Ja selkänsä toolin kaarmiin taipua.	And lean back in his chair.
Nyt parhaalla tawallaan istua koittaa	Now he can sit at ease
Wain pian hänet siinä uniki woittaa	But soon sleep overtakes him
Nukku-matti kovasti wieraaksi pakkaa	The Sandman insists on visiting him
Tuskin koko yönä kiusaamasta lakkaa	And hardly leaves him alone all night
Niin makiasti painaapi umpeen silmiä	His eyes insist on closing up tight
Heti myös unikatti alkaapi ilmiä	He's overcome with dreams
Näkee monen laisia siinä torkkuessaan	Which have many kinds of themes
Kaikki owat ne hetsin kuaelmiä waan,	They're all about the *hetsi*.
Kun hetsi taas kerran peliin kalahtaa	When the *hetsi* clanks against the *peli*
Sillon uni hänen silmistä walahtaa	Sleep suddenly disappears
Äkkiä hän nostaapi pystöön päänsä	Suddenly he lifts his head
Ja muistaapi mikä on tehtäwänsä	And remembers his job
Taas hän kätevasti piteleepi hukkia	Again he skillfully wields the hook
Ja koittaapi kiwejä reikään pukkia	And starts shoving rocks into the hole

Jo kääntääpi katseensa syyttiinki päin	And turns his eyes to the *syytti*
Hän päivä päästäin toimiipi näin—	He works like this day after day.
Nyt saitte tässä hetsin-syötöstä kuulla	And now you have heard about the *hetsi* feeder
Näin lausun sen työn minun suulla	I've told you about my job.
Jos siitä nyt jätin täs jotain hukkaan	If you think I have omitted anything
Niin jatkakoon muut mielensä mukkaan.	Let him who wishes, make that addition.

FINLANDERIN TUNTEITA AMERIIKASSA

Jos te työmiehet haluatte kuulla
Niin lausun wähä omalla suulla
En tahdo teitä woärään johtaa
Mutta puhun meitän omaa kohtaa,
Kuin me olimme Suomessa siellä
Emme tästä maasta tienneet wielä
Ameriikasta puhuttawan kuulimme
Ja niin itse-mielesämme luulimme
Että siellä saamme hopeaa wuolta
Sekä puitten alta hunajaa nuolta,
Näihin luuloin alomme perehtyä
Ja siinä taisimme isosti erehtyä
Kun saamme kojetella tätä maata
Jo alamme niistä tunteista laata
Pois hopea-pailit mielestä raukee
Ja isot silmät nyt eteemme aukee
Kuin kaikki on aiwan toisin päin
Emme tienneet tätä ajatella näin,
On monta-kertaa tullut jo ilmiin
Ja usein näjemme omin silmin
Miten olemme sorron alla aina
Ja herrat meidän päälle painaa
He aina wain meille kuormaa lisää
Meillä ei ole nyt armoa misään,
Ei ole tämäkään maa niin rapia
Harwon saamme kunnon japia
Engesmannit owat wallan-päällä
Me kowimmat työt tehtään täällä
Olemme muka kunniaa hilannu
Ja kaikki työpaikat niin pilannu
Että olemme riehunut ylen-määrin
Ja itsiämme kohti tehneet wäärin
Se omaksi waiwaksimme koituu
Ja toiskieliset meitä siitä noituu
Ja monasti on jo esiin tullut
Että työtä teemme niinkuin hullut
Mutta herrat sen hywäkseen kahtoo
He yhä enempi meiltä tahtoo
Henki ja elämä jo meneepi meiltä
Lujasta tienaamme taaloja heille
Eikä tilamme yhtään säälitä heitä
He niinkuin orjia pitäwät meitä
Kun emme ole kaikin yhtä mieltä

A FINLANDER'S FEELINGS ABOUT AMERICA

If you workers want to hear
With my own tongue I will make it clear
I don't want to lead you amiss
But our condition here I can't dismiss
When we were there back home in Finland
We knew nothing about this land
We heard others of America speak
And decided that we would that land seek
Where we would find piles of silver with ease
As well as lick honey off the trees
But when we actually stock had taken
We noticed we had been quite mistaken
Now that we've experienced this land
And have had to abandon those ideas grand
Gone is the dream of piles of silver
That dream was nothing but a betrayer
We see things to be otherwise
That affairs are this way is a surprise
It has already become very clear
We have seen it with our own eyes here
That actually we are under oppression
Those in control keep us in submission
They constantly add to our burdens
And we, poor souls, have no defense
This land is not so great after all
Seldom do we get a decent job
Those who preceded us are in control
We do the hardest jobs on the whole
We've tried to improve our reputation
But thereby ruined the workplace condition
By working like crazy at a job given
We have always ourselves driven
And thereby done ourselves this wrong
With the other workers we don't get along
Because many-a-time they've been aware
That our performance is beyond compare
Now the bosses look at us anew
And demand more work from the entire crew
Our last breath they seem to demand
Dollars for them we do make
But no pity on us do they take
No better than slaves is our lot
Of one mind we are not

40 | *A Rascal's Craft*

Emmekä taida tämän-maan kieltä	For this land's language we have no skill
Meitä on helpppo ajaa ja nykkiä	So they can do with us what they will
Kun olemme heitän edessä mykkiä	Since dumb before them we stand
Että emme woi itseään puoltaa	They easily gain the upper hand
He nenästä meitä wetää suoltaa	They shove us around at their good pleasure
Mitä pahimpia töitä he löytää	When the worst job to be done is found
Niin suomalaisen he siihen töytää,	To the Finn it's given if he's around
Kun meitä ei nähty yhtään-kertaa	Before we in this work place arrived
Ei työtäkään tehty puolen-wertaa	Not half as much work was accomplished
Wain meitä kun alkoi tänne karttua	But when our number here increased
Ja alomme oikeen työhön tarttua	And our energies here were released
Niin pian oli työ-paikat pilassa	The situation was spoiled for others
Ja saamme olla huonossa tilassa	For they were expected to work like us
Joka on tullu suomalaisten takia	And it put us Finns in a bad situation
Niin saamme täältä hywää hakia.	For they did not thank us for the condition.

A Rascal's Craft | 41

※✿※

THE KIVIRANTAS BECOME FARMERS

Within six years of his arrival in the United States, Eelu had saved enough to purchase a farm. Somewhat earlier, one of their neighbors in Redridge, the Matt Heikkila family (whose son would be their future son-in-law), had bought a 160-acre farm in Nisula. In 1907 the Kivirantas purchased 80 acres of that farm. Their buildings were built somewhat in the arrangement of farms in Finland—that is, with the outbuildings in courtyard-style around the main dwelling. The area between the house and the road was a typical Finnish *piha* (yard, front area) with the requisite *pihlaja* tree (mountain ash) found in most yards in Finland. Of course there was a sauna (to the extreme right in the photo).

Eelu, and later his son Lauri, kept the premises in immaculate condition. In summer the lawn was mowed with a push lawn mower, one of the first in the area. In winter the snow around the premises was leveled with a roller so that it was as smooth as any modern parking lot.

Eelu lived on these premises for the remainder of his life. He continued to write poems and sell them on his travels.

The Kiviranta farm, around 1950.

FARMARIN WAPAUS JA TYÖ

Ken Ameriikassa alkaapi farmaan
Hän wiettää ajan wapaan ja armaan
Ei wapauttansa werrata woi
Eikä wisselit hänen korwiinsa soi
Hän wapauden askelilla wajeltaa waan
Elinkeinokseen on hän ottanut maan
Ja siittä niin hänen leipänsä lewiää
Elämä on hänellä hauskaa ja kewiää
Ja itse hän aina työnsä määrää
Paasit ei siinä neuwo ja häärää,
Niin siltipä ei hän työhönsä suutu
Myös tointa ja taitoa ei hältä puutu
Ja orjuus ei myös koskaan paina
Hän itse on isäntä työssään aina
Eikä wisselillä häntä käske kukaan
Kaikki tekeepi oman mielensä mukaan
Eikä työhön tarwitse nenästä taluttaa
Itsellään hänellä parhaiten haluttaa.
Ja siltipä farmari wirastansa pitää
Ei wieraan työlle pane arwoa mitään
Mikä on parempi kun ihmisellä wapaus
Ei millonkaan koita se ikäwä tapaus
Että työstä häntä pantasiin pois
Ja elämän toimi niin loppua wois.
Puuttumatta hänellä työ aina riittää
Myös elämänsä tarpeet johtuupi siittä
Ei tarwitse hänen asuntoa muuttaa
Eikä hankkia työpaikkaa uutta
Ei kenenkään elämä ole niin soma
Kuin on maa ja työ aina oma
Päiwät aina wain lyhyeksi käy
Kun wahteja ei hänen kimpussa näy
Mutta työtä hän wain tekee kouwaa
Tunteja ei hän rätnäämään jouwa
Kuin on niin hauska wiljellä maata
Siitä woi kauniin elatuksen saada
On tiettyä hänellä elatuksen kohta
Kun työssä ei häntä kukaan johda
Itse hän tietää työnsä parhain
Lähtiä saa myöhään tahi warhain
Ei kukaan päiwänsä wajaksi ryöstä
Eikä hän koskaan myöhästy työstä
Hän tahtoo niin itse kykynsä näyttää
Että aina kerkeääpi kiuhtinsa täyttää

A FARMER'S FREEDOM AND WORK

The one in America who chooses farming
Will find the experience gratifying and charming
This freedom cannot to anything compare
A whistle he'll hear in his ears nevermore
His footsteps are free as he wanders the land
For his livelihood he has selected farmland
Here he can eat the fruits of his work
Life is pleasant, he has no desire to shirk
He orders his own coming and going
Bosses aren't commanding and hovering
He has no aversion to his toil
He has the skill to work the soil
At no time does he feel like a slave
As his own boss he is always brave
No longer a whistle issues commands
He only is the boss of his lands
And no one leads him by the nose
He is happy with the life he chose
For this reason a farmer loves his station
He values it above any other occupation
For nothing is better than being free
Never will he that sad event see
That he should be given a job transfer
Or the means of his livelihood should end.
He never needs to stand around idle
He has work all around to keep him busy
He never need move his domicile
Or look for a new job all the while
No one else has a life so pleasant
As one whose life and land are his own
The days just always seem too brief
When a watchman is no longer giving you grief
One learns hard work always to savor
He doesn't reckon the hours of labor
When it's so pleasant to till the soil
Which rewards him handsomely for his toil
He knows what are his goals in life
Now that bosses around aren't rife
He knows the scope of his own work best
He may leave his work if he wants to rest
No one bothers him at his vocation
Nor is he ever late to his location
He strives to be as proficient as he can
So he need not deviate from his plan

A Rascal's Craft | 43

Ja tohtii hän työssäki henkensä wetää	And he dares to pause to catch his breath
Hänen ei tarwitse orjailla ketään,	He need not be servile to anyone
Tarpeen waatiessa käypi hän rualla	When he's hungry, to food he can run
Ei mitään hän tee wisselin luwalla	No longer does the whistle command him
Itsellään on häll kurssi ja taksa	He has his own routine and schedule
Työtä hän tekee minkä wain jaksaa	He doesn't have to work like a mule
Tunteja ei hän kauntaa nuukaan	His hours never does he squander
Eikä niitä koskaan merkitse buukaan	But no record need he keep, either
Ei katso kelloon kun päättää työnsä	He ignores the clock when his work is o'er
Ja sitte niin huoleti nukkuupi yönsä	Then goes to sleep without a care
Ei työhön lähtö ole määrätty hälle	No one dictates the start of his day
Ei walmista itseään minuutin päälle	His life is no longer governed that way
Tyytywäisenä panee hän illalla maate	Satisfied he lies down to unwind
Taas aamulla on kiihkosa mieli-aate	Then greets the morning with eager mind
Niin kiireesti rientääpi päiwän toimiin	He makes haste to work another day
Ja työhön tarttuupi kaikin woimin	And attacks his toil as if it were play
Oma työ on werattoman hupasta	Working for oneself is always pleasant
Kun aina saapi yksinään kupastaa	The peace and quiet are heaven-sent
Ja työmaalta osaapi pois muuttaa	And you can quit when you wish
Ei koskaan warto hän kello kuutta.	One need not wait until six
Herra on farmari orjain suhteen	The farmer no longer is slave to a boss
Pahana hän pitäs paasein nuhteen	No longer need fear a boss who's cross
Wapautta hän wain nauttia tahtoo	His freedom he intends to fully enjoy,
Itse hän työnsä hoitaa ja kahtoo	No longer being in another's employ
Sillä työ häntä enimmän huwittaa	For his work is now a great pleasure
Ja mielensä monen-laisia kuwittaa	He intends to enjoy it beyond measure
Hän tahtoo kodistaan tehdä talon	He wants to make of his house a home
Ja siinä hän wiettääpi elämän jalon.	From here he will no longer roam.
Ei tuntonsa itään kaipaa ei piinaa	He no longer yearns for faraway places
Iloisena hän wain maata liinaa	His work with the soil he now embraces
Töittensä tuloksista on hänellä tiewot	He knows his work will bring rewards
Läjää ja polttaa risut sekä liewot	He piles and burns brush by the yards
Eikä työssä näytä laiskuuten wikaa	There's no sign of laziness at all
Hän kaskensa poltosta itsensä likaa	He's black as soot by nightfall
Monesti on hän musta kun neekeri	Day after day he toils out in Nature
Wain maataki pian puhistuu eekeri	And soon he's cleared many an acre
Maalle hän näyttää työmiehen kurin	He works his field with know-how
Hän heti kääntää sen wältillä nurin	He turns it over with a plow
Kantoja hän poies nykkia raisaa	If any stumps his work impede
Ja karhilla maan sileäksi aisaa	He removes them with greatest speed
Sitte siemmenen maahan heittää	Then harrows the soil and plants the seed
Kaikki niin mullan sisään peittää	And with a roller he tamps it down
Niin siitä hälle kaswaapi wiljaa	His reward will be a bountiful harvest
Joka maksaa työ-waiwat hiljaa	Which to his hard work will attest

Maanwiljelystä on hällä kesäksi työtä	Work for the summer needs no invention
Hän alkaapi heinää kumoon lyödä	The hay in the fields needs his attention
Eikä työnsä mene siinä peri-katoon	All his effort goes not to waste
Heinät hän hewosella ajaapi latoon	His horse hauls the hay to the barn in haste
Lawossa hän heinän kanssa mässää	There the hay is stored properly
Kaikki niin lujiin kimpuin rässää	Tamped and pressed down as it should be
Että talwella saa niitä rekeen lyödä	In the winter it onto a sled he'll load
Ja daalan tarpeessa ihmiselle myötä.	And for want of a dollar it can be sold
Niin se farmari toimii ja myskää	That's how a farmer works his field
Pellolta kauraa leikkaa ja ryskää	Plants his oats and harvests his yield
Kaswattaa perunaa ja wiljaa muuta	Grows potatoes and fields of grain
Niillä hän rawitseepi perheensä suuta	Thus food for his household will remain
Ja siltipä farmari wirkaansa kiittää	For this reason he doesn't fret
Kun elämän tarpeet saa hän siittä.	For from his farm his needs are met.
Wieressä huojuupi puisewa mehtä	His land includes some swaying trees
Siellä saapi talwella työtä tehdä	In winter he travels there on skis
Millon haluaapi weistää taisia	And works the wood in many-a-fashion
Ja tehdä timperiä monen-laisia	He cuts logs to suit his passion
Tahikka ruweta halkoja sahaan	He cuts firewood for his household
Kaikki saapi ne waihtaa rahaan.	And cuts some more to be sold.
Wielä nyt muutaki farmari tapaa	Yet the farmer another reward does see
Joka on niin tunteelista ja wapaa	Which he considers precious and free
Kun metsien keskellä on hänen maa	In all the forest on his land
Omissa ajatelmissa siellä olla saa	He can roam free in his own thoughts and
Ei mailman melut korwissa pauhaa	The din of the world is far from his ears
Hän nauttii hiljaisuutta ja rauhaa	He revels in the quiet and freedom from fears
Kaikilta hompokeilta on hän salassa	The humbug of the world is far away
Aina niin puhtaassa ilman alassa	The pure, fresh air is here to stay
Lintuinki laulua kuulee hän wielä	The song of the bird is heard so clear
Net ompi parhaat ilonsa siela.	These joys to him are most precious here.

MATKAN WARRELLA

Kun maailmaa näin kulkia saikkaa
Siellä sattuu monen-laista paikkaa
Ja löytyy myös monta eri-mieltä
Kulkia net kaikki kohtaapi sieltä
Mukavia juttuja päähäni äytyy
Ja runoksi ne aina punoa täytää
Paljo on mulla mailmalla tuttuja
He halulla lukee tämmösiä juttuja
Wain moni myös alkaa haukkua
Näin kantaissa tätä runo-laukkua
Runot ne wain mailmalle lewenee
Ja setseli päivä-päivältä kewenee
Olen monen talon owia awannu
Ja monen-laista ihmistä tawannu
Saan myös kohtelua monen-laista
Pahaaki korwa-makiaista maistaa
Kun kaikkein mieltä en woi noutaa
Usein saan pewommoista poutaa
Niin moni minulle ilkeästi rähisee
Monasti korwani kuumana kähisee
Eikä iwan teko ole mulle outua
Monasti pitääpi siihenki soutua,
Saan joskus niinki lähtiä talosta
Että lähtiäiset tarjotaan halosta
Wain niitä en huoli pahaksi panna
Enkä heille muuta kostoa anna
Joskus heistä wärsyn wäännän
Sen sitte toisesa talosa äännän.

ON THE ROAD

As one travels out in this nation
One encounters many types of creation
One finds people of many persuasions
A traveler meets them on various occasions
Many amusing tales I take in
And out of each tale a poem I spin
Out in the world my friends, more than one
Eagerly read the tales I have spun.
Some heap abuse and find a bad name
To call me, but just the same
I carry my satchel and spread my poems
And lighten my satchel in many homes
I've opened doors by the score
And met people both rich and poor
I've experienced many kinds of treatment,
Some with ill will to my ears was sent
One can't please everyone, you know
Often I experience intimidation and how!
Some fill my ears with ugly ranting
Sometimes my ears are hot with hissing
To be treated with scorn is not new to me
One has to get accustomed to it, you see.
Sometimes I've had to leave a house
Threatened by a block of wood by the spouse
But I don't want to give them a bad reputation
Or provide them with other remuneration
Than to memorialize them in my verse
Which at the next house I then rehearse.

A Rascal's Craft

ELÄMÄNI MUTKIA	THE WINDING COURSE OF MY LIFE
Kun katson näitä elämäni mutkia	As I think about this life I have chosen
Niin saisi niitäkin joskus tutkia	I have to admit now and then
Ei ole tämä mitään wiisaan työtä	This work is not really for the wise,
Tämmösiä runoja kokoon lyödä	Poems this way to devise
Se monasti on jo näkywiin tullu	And thinking about it, one must add
Työssään ompi hän laillaan hullu	That to do this work one must be slightly mad.
Jos kuka hauskan jutun jo antaa	If someone relates an amusing tale
Hän runona sen mailmalle kantaa,	I'll broadcast it in every hill and vale.
Ei tullu ole ny Euroopan maista	Not one other from the lands of Europe
Toista Runo-seppää Eelun laista	The likes of Poem-smith Eelu has shown up
Hän yksin semmoset lahjat omaa	His talents are rather unique
Tekee työtä niin kierää ja somaa	He creates works with a quaint streak
Ja ellää oman mallinsa mukaan	And lives according to his own standards;
Sen jälkejä ei nyt parsi kukaan	His tracks no one needs to mend
Hän kaikille aina runonsa näyttää	His poems to all he will defend
Ja moukkamaisesti itsensä käyttää	He does behave like a clodhopper
Hän tyhmyyteensä tahtoo jäätyä	He is not refined with manners proper.
Muuuten on niin alhaista säätyä,	Since he is of such a low station
Että teko hienous on hälle nietua	Putting on airs is foreign to him
Eikä ole saanu hän korkeaa tietua	He has not had a higher education
Eikä koulun penkissä itseään hierua	Nor has his butt rubbed a bench in school
Siltipä jotku häntä alkaa wierua,	For this reason some think he's a fool
He Eelun mietteitä hylkiipi aina	They ever reject what he has to say
Niille eiwät he huomiota lainaa	They simply look the other way;
Sillä heissä on itse-rakkaus suuri	Their self-importance is beyond measure.
Ja sehän on aina tawallista juuri	That is often seen to occur
Jolla on paremmat waatteet yllä	In those arrayed in fine clothing
Ja koulusta saatua oppia kyllä	And filled with all kinds of book learning.
He Eelun runoja moittii ja lastaa	Sometimes Eelu's poems they criticize
Kun ei heitän wiisautta wastaa	They don't find them a bit wise.
Hän muutenkaan ei mieheltä näytä	And he doesn't look refined at all;
Eikä kunnon pukua yllään käytä,	He's not even clothed in a decent suit.
Wain siitäkös Eelu wälittää wiis	But that does not Eelu bother.
Kun runoja hän wain tekeepi siis	He creates poems one after the other
Jotka kaikille on näin esille tuotu	And presents them to the just and unjust.
Kulkewa luonto on Eelulle luotu	Eelu was created with a wanderlust.
Kiertäissä näitä maailman rantoja	As he wanders the paths of this world
Hän kohtaa sielä kiwiä ja kantoja	He encounters many bumps on the road
Eikä tuossa ole hänen seikat wielä	And that is not even the worst of it
Saa hän kylmääki kohtelua sielä	Sometimes to a cold shoulder he must submit
Ja joille on Eelun kohtalo pimeä	And some who don't really Eelu know
Ne tarjoopi hälle laiskanki nimeä,	Consider him lazy although he's not so
Eelu wain juttuja mailmalle perii	But Eelu just gathers tales on his travels,
Niitä hän sitte taas runoksi kerii	Then spins them into poems he unravels

A Rascal's Craft

Wielä net paperin päälle ränttää	And finally puts them into print
Ja ihmiset niihin roposen pänttää	Which folk acquire for a few cents
Kun askeleensa johtaapi taajaan	When he finds himself in a community
Saa hän ystäwä piirinki laajan	He often finds a large following
Jotka ilolla häneltä runoja ostaa	Of friends who enjoy and buy his poems
Sepä Eelulle uutta intoa nostaa	This encourages Eelu so that
Hän runon ainetta koittaa urkkia	He seeks more material for his verse.
Ei yllä ole häll karwasta turkkia	A fur coat he surely does lack
Pikku takilla täytyy hänen juosta	A little short jacket is on his back
Ja ottaa aina ilonsa tuosta,	And for him that is sufficient.
Niin monta talua on hällä käyty	He has visited ever so many homes
Kaikkiin sielä hänen oppia täyty	And gotten material for his poems.
Ei säikkyä saa wihankaan puuskia	He does not fear blasts of wrath
Kun joka talon niin alkaa nuuskia.	Since to so many houses he finds a path.

A RASCAL'S CRAFT

Eelu acquired his printing press while in Redridge and began printing his poems and binding them in books. He traveled over much of the Upper Peninsula selling his books; he was also an agent for the *Walvoja* newspaper. In winter he traveled on skis, and in the summer on his bicycle.

Eelu was a jack of many trades, being also a masseur and one who does cupping or bloodletting. On his travels he stayed at homes of friends or acquaintances in exchange for services such as massaging or bloodletting.

These souvenirs of his life and travels remain. They have been donated to the Finnish American Heritage Center in Hancock, Michigan. His printing press was donated for the scrap iron drive during World War II.

The font for Eelu's printing press.

The "cupping" horns Eelu used on his "patients."

Eelu's skis.

WEITIKAN WEHKEITÄ

Josko tunnetta sitä Kiwirantaa
Joka runoja mailmalle kantaa
Se joskus näkyy kulkevan täällä
Ja jätkän-puku on hänen päällä
Ei hän kerskaa lapsuuden ajasta
Syntynyt on köyhästä majasta
Eikä hän pienenä nauttinut ilua
Aina oli wain nälkää ja wilua
Puutteet hänet mailmalle häätää
Ilman koulua piti myös jäädä,
Kuusi wuotta hän kierteli Oulua
Ja kävi wähä pölwäisten koulua
Kun Ameriikasta puheita kuuli
Niin sitä hän nyt kultalaksi luuli
Kohta hän sitäki hyvää nautti
Kun mainisa rammakaaran sautti
Eikä kauvan jaksanu sitä työntää,
Poikaseksi hääty itsensä myöntää,
Sitte muihin töihin alkaa täyty
Mutta runot taas kalloon äyty
Hän nyrkkipainon itelleen rustaa
Ja sillä hän nyt paperia mustaa,
Ei runoseppää ois hänestä tullu
Jos ei olis hän wähäsen hullu
Järkiä on hänellä pikkusen itua
Että woipi sanoja yhteen situa
Myös asiat siihen laihin punoa
Niin tehdä monta kierää runoa
Käytös myös on hänellä moukka
Monesti heikko-hermoset loukkaa
Kun kaikki asiat niin julki säistää
Ei pöhlö älyä mitään wäistää
Sillä jokainen tämän Eelun ties
Että hän on hyvin kepuli mies
Ei ryskätyössä hän miestä piittaa
Mutta ajatus runo-mallia wiittaa
On monta runo-puukaa jo myöny
Ne rahat kaikki nälissään syöny
Eikä ne ole vielä häntä lihottanu
Mutta monen on niillä wihottanu
Eikä wakawuuteen ole warttunu
Waikka ikää on hänele karttunu
Hän liki wiittä-kymmentä hakkaa
Eikä nuoruuten-ajat mielestä lakkaa

A RASCAL'S CRAFT

You may know of that Kiviranta
The one who sells poems, that one
You'll sometimes see him travel 'round
In a laborer's outfit he'll be found
He won't be boasting of his childhood
Born he was in a cottage wretched
He didn't see much joy as a child
Always there was hunger and cold
Poverty drove him out into the world
To be deprived of schooling was his lot
For six years around Oulu he roamed
And occasionally attended "dumbell" school
When he heard some speak of America
He thought it to be an Eldorado
And soon he did enjoy that delight
When he pushed a tram car with all his might
But not for long did he this torture endure
He had to admit it was too much, for sure
He had to seek another occupation
But poems invaded his brain's location
He equipped himself with a printing press
And now darkens paper with finesse
Success as a wordsmith he might not have had
Had he not been a little mad
But brains he has where he can gather
Words which he can weave together
And spin events in such a fashion
That they become a clever poem
His behavior is sometimes rather loutish
He often offends those with feelings squeamish
When he writes about this event or that one
Some don't understand it's all in fun
About Eelu everyone should know
Some pranks from his pen do flow
In a physical contest he can be beaten
But in a war of words he remains undefeated
Many poem books by now he has sold
The proceeds his belly has absorbed
But they have not added a pound to his flesh
But they've irritated more than one afresh
With jest Eelu is shot through and through
Although years he has lived quite a few
Fifty years he'll soon leave behind
But thoughts of youth still invade his mind

Rakkaus pakkaa rinnassa kyttöön	Thoughts of love still simmer in his breast
Silmänsä luopi hän joka tyttöön	And his eye seems to wander with interest
Niistä hän parhaat runot pykkää	To the prettiest girls, who enter his poetry
Wain siitä ei hieno-henkiset tykkää	But this displeases the more-refined gentry
Waikka Eelukaan ei puhele liikoja	Although Eelu doesn't mention them much
Muistaissa Suomen karja-piikoja	Remembering Finland's milkmaids and such
Niille hän parhaan lauseen antaa	These he regards among the very best
Niitä ijäti sydämmesään kantaa,	Them he still carries in his breast
Ja mitä ompi mailmasa tawannu	And of people he has met in this wide world
Tytöt on kalleimmaksi hawannu	Most precious of all were girls he observed
Ja niistä kallein on nyt Kaisa	But the dearest of all is one named Kaisa
Minkä hän kohtasi Suomen-maisa	Whom he first back in Finland saw
Kun teki kaikki ne kosima-retket	When he made all those courting trips
Ja wietti nuoruuuten ihanat hetket.	And tender words left his lips.

KUKA RUNOJA OSTAA	WHO BUYS POEMS?
Nyt kerron vähän siltä kannalta	Now I'll relate things in this wise
Kuka runoja ostaa Kiwirannalta	As to who Kiviranta's poems buys
Sen olen saanut selwästi nähä	I have noticed it to be true
Että rikkaat niitä ostawat wähä	That those with means buy very few
He wain komiaan oloonsa ihastuu	They delight in their condition splendid
Minun tarjoukseeni moni wihastuu	My offerings irritate them no end
He liika korkean luonteen omaa	They assume a station too high
Kohtelu on niin kylmää ja somaa	Their conduct toward me does coldness imply
He halpana köyhän tewokset pitää	They have no regard for the work of the poor
Heissä mammoonan henki itää	The love of mammon has taken them o'er
Saawat rahaa pussiinsa waluttaa	As they hoard money in their store
Niin yhä enempi sitä nyt haluttaa,	When they get some, they want more
Ja samon on pisnes-miehet nuo	The business men are also in that category
Kuin matkani johtaapi heitän luo	When my road leads into their territory
Elämä on heillä warsin nuukaa	I find them to be extremely stingy
Harwon he minulta ostaa puukaa	Seldom will they buy a book from me
Kuin he saawat kehitystä periä	As they proceed in their ascent
Pois he moukan luokasta eriää	They depart the company of the peasant
Sitte niin helposti tekewät tinoja	Then they quickly earn a profit
Niitä he pailaawat pitkiä pinoja	Of which they have piles and piles of it
Ei heillä ole nyt waatteet liassa	No longer is their clothing soiled
Ne mustat tuplat wälkkyy hiassa	And black cuffs decorate their sleeves
He lasi silmiä nenällään kantaa	Glasses are perched on their nose
Kaulassa pitäwät kowaa pantaa	And on their necks a stiff collar
Mieli wain palaa rahojen laskusa	Their mind is consumed with counting money
Kaksi on pännää liiwin taskusa	Two pens do they carry in the vest
Monesti he näyttäwät sulki senki	And often one can discern
Että heissä asuu ylpeyden henki	That they're filled with pride, a big concern
Eikä runostani pidä he lukua	They won't deign to read my poems
Kun tekiä on näin halpaa sukua	Since the author is from such a low station
Ja wirheitä löytyy toinen-puoli	And other faults do they find besides
Joita ei hieno tunteensa huoli,	Which makes them tend to ignore him.
Mutta tuo suora työmies aiwan	But the common worker is a different kind
Joka näkee kowimman waiwan	Though in more difficult straits, he won't mind
Ei rahaa hän nyt jumaloi niin	He does not idolize his money so
Eikä siinä ole aina lujasti kiin--	And does not cling to it so tightly
He jonku ropon minullekki antaa	He'll spare a few rubles for even me
Eikä niin halweksi Kiwirantaa	And does not scorn Kiviranta
Saattawat moukanki töitä kahtua	He'll look at a book—it's no big deal
Ne woipi heitän tunnolle mahtua.	To him it will probably have some appeal.

❄︎❄︎❄︎
KAISA MOST PRECIOUS

Eelu's beloved Kaisa died on September 20, 1938, after a short bout with what the doctor concluded was stomach cancer. Eelu composed the following poem in her memory; he read it at her funeral.

SÄ KAISA ARMAS

Sä Kaisa armas ja rakkahin mulla
näin eron hetki piti meillekki tulla.
Olit maailmaan mun ilokseni luotu
vain sitä ei koko iäkseni suotu.
Sinä päivätyösi niin uskolla täytit
sinun ahkeruutesi aina vain näytit
myös perheen äiti olit mitä parhain
tuli majan muutto sulla näin varhain.
Nyt loppunu on kaikki vaivat nuo
Olet päässy kaivatun Luojasi luo
Sinun kasvojasi ennään en minä nää
vain muistosi iäti mun rintaani jää.

— *Eelu*

KAISA MOST PRECIOUS

Kaisa beloved, to me most precious
The time for parting has come for us.
To be the joy of my life you were created
But for my whole life that was not granted.
In your daily chores you were most faithful;
Of your responsibilities most mindful.
Of mothers you were the very best.
Now you have moved to your heavenly rest.
All your earthly sufferings are o'er
Your beloved face I shall see no more.
You have moved to your heavenly Father's domain
But your memory in my heart will forever remain.

— *Eelu*

❁❀❁

IDA KIVIRANTA

The Kiviranta's youngest child, Ida, died on August 4, 1939 at the age of 30 after suffering for many years with what was eventually diagnosed as a brain tumor. Eelu wrote the following obituary, which was published in a Suomi Synod Lutheran Church publication soon after her death.

Ida with Eelu's bicycle.

IIDA KIVIRANNAN MUISTOLLE

Lepoon on päässyt rakas lapseni, joka ei koskaan vanhempainsa mieltä loukannut eikä harkkasanaa antanut, niin kalliina hän aina piti neljännen käskyn. Ja kalliina myöskin hän piti tämän lyhyen armon ajan. Hän ei sitä hukkaan kuluttanut. Hän näki aivan halvaksi tämän maailman ilot ja huvitukset. Hänen jalkansa ei juossut synnin teillä, eikä hän maailman menoissa tuntoansa tahrannut, sillä jo nuorena ollessaan sai Jumala sanansa ja Henkensä voimalla hänen tuntonsa herättää, niin että hän katuvaisena syntisenä jaksoi Jumalan suuren armon ja syntein anteeksi saamisen uskon kautta itsellensä vastaanottaa ja olla aina Jeesuksen seuraajana. Hän käsitti, että meillä ei ole täällä pysyväistä kotia, vaan olemme tänne vain hetkeksi luotu itsellemme parempaa etsimään.

Hän rakasti pyhäkoulutyötä. Vaivojaan säästämättä hän sitäkin teki. Hänellä oli sydämen halu opettaa lapsia lukemaan Jumalan sanaa ja niin heitäkin juuruttaa Jumalan tuntemiseen ja pääsemään osallisiksi siitä Jumalan suuresta armolahjasta, minkä hän itse oli uskon kautta saanut vastaan ottaa. Hän oli ahkera kirkossakävijä ja tahtoi olla aina pysyväinen jäsen Herran seurakunnassa. Kirkko oli hänen rakkain käymäpaikkansa ja Jumalan sana parhain ravintonsa ja nautintonsa. Hyvän äidin johtamana hän aina kylvi siementä mistä on nyt saanut niittää kauniin sadon, päässyt osalliseksi taivaallisen Isän vilja-aittaan, josta ei mitään puutu. Vaikka hänen maallinen osuutensa on tuossa silmäimme edessä, niin hänen henkensä on siirtynyt sinne, missä ei ole koskaan yötä, ei myrskyt pauhaa, ei murhe mieltä paina eikä päänkipu Iidaa rasita. Taivaallinen Isä on kaikki parantanut ja pois pyyhkinyt armon suuruudella. Siellä

IN MEMORY OF IDA KIVIRANTA

Gone to her rest has my dear child, who never hurt the feelings of her parents or spoke a rude word to them, so precious did she regard the fourth commandment. And precious to her also was this short period of grace. She did not waste it. To her this world's attractions and amusements meant nothing. Her feet did not run in the paths of sin, nor did she taint her conscience with worldly pleasures, for already at a young age God through the power of His Word and the strength of the Holy Spirit awoke her conscience, so that as a repentant sinner she accepted God's grace and the forgiveness of sin through faith and became a follower of Jesus Christ. She realized that here we have no permanent dwelling, but have been created to remain for a short while in order to seek something better.

She loved Sunday School work. In spite of her suffering she was involved in that effort. She had a deep-felt desire to teach children to read God's Word and thereby root them in a knowledge of God so that they could partake of God's grace, which she herself had received through faith. She faithfully attended church and wanted always to remain a member of the Lord's congregation. The church was dear to her and she attended faithfully, for God's word was her most important nourishment and source of pleasure. As her good mother had taught her, she sowed seed from which she reaped a bountiful harvest and now she is in the heavenly Father's storehouse where nothing is lacking. Although her earthly remains are here before us, her spirit has moved on to the place where there is no night, where storms do not rage, where sorrow does not oppress, and where Ida suffers no more from her headaches. The

A Rascal's Craft | 55

rakas äiti hänet suurella ilolla vastaanotti ja saavat yhdessä laulaa niitä kauniita lauluja, joita hyvä äiti täällä Iidalle aina opetti. Meidän luonnollinen silmämme ei näe eikä järkemme käsitä sitä iloa, minkä taivaallinen Isä antaa lapsillensa, jotka häntä rakastavat.

 Ei ollut Iidalla iloa tässä maailmassa. Kipua ja tuskaa sai vain kärsiä. Mutta tyytyväisenä hän aina ristinsä kantoi, tietäen, että elämän Herra omillensa aina parhain päin tekee. Ja niinpä hän katsokin parhaaksi muuttaa tuon nöyrän ja Häntä palvelevaisen lapsen jo parhaassa nuoruuden kukoistuksessa täältä parempaan elämään. Siellä saavat he nyt yhdessä äidin kanssa taivaan kirkkaudessa armoilmaa hengittää ja heleällä äänellä ja uusilla kielillä aina kiitosta laulaa rakkaalle Vapahtajalleen.

— *Isä*

heavenly Father has healed all and wiped everything clean with His grace. There her dear mother joyfully welcomed her and together they can sing those beautiful songs which her good mother taught her while here. Our natural eye cannot see nor our mind comprehend the joy which our heavenly Father bestows on His children who love Him.

 Ida did not see much joy on this earth. She experienced pain and suffering. But she carried her cross without complaint, knowing that the Lord always does what is best for His children. And so He saw it best to take this humble, obedient child of His in the bloom of her youth to a better place. There she and mother can breathe the air of grace in heaven's radiance and with crystal-clear voices and a new tongue sing praises to their dear Savior.

— *Father*

CURRENT EVENTS

✿✿✿

A TALE ABOUT DRINKING
IN PRAISE OF TEMPERANCE
THE BENEFITS OF PROHIBITION
AUTO FEVER
THE COPPER COUNTRY STRIKE OF 1913
THE SINKING OF THE TITANIC
REFLECTIONS ON TOBACCO
THE END OF WORLD WAR I
BOLSHEVIK STYLE OF GOVERNMENT
THE POLITICS OF MATT KURIKKA
A DISASTROUS FIRE

AN OPINIONATED RASCAL

Eelu held strong opinions about many things. He never owned or drove a car, nor did he feel he needed one. He abhorred alcohol and was active in the temperance movement. Eelu detested tobacco in any form. He was a very neat, tidy individual, and no doubt it offended his aesthetic sense. As usual, he gave vent to his feelings in verse.

JUTTU JUOMAREISTA

Se tuottaa kansalle suuren hallan
Kun wäkijuoma saapi noin wallan
Se pääseepi niin suureen määrään
Että moni mies sortuupi wäärään
He pitäwät alti salongeissa juhlaa
Ja siellä he kaikki aikansa tuhlaa,
Sinne keskenki kiireen mennään
Jos ei ole heillä rahaa ennään
Täytyy panna waatteensa panttiin
Tahi myödä muutaman lanttiin
Että saavat lasien laitoja nuolta
Kuuluupi meteli ja kirous tuolta
Siellä he alkavat korttia lyödä
Ja monta muuta rettaan työtä,
Kuuluupi kummia sieltä ja täältä
Ja riitoja syntyypi turhan-päältä
Kun saavat wäkijuomaa maistella
He alkavat aseitten kansa taistella
Kun mies on wiina-woimaan tullu
Hän elääpi niinkuin täysi hullu
Hän tahtoopi kaiket paikat särkiä
Eikä ole hänellä yhtään järkiä
Millon käweleepi surman suuhun
Tahi sortuupi waaraan muuhun,
Se on monasti nähty jo julki
Miten nuo juopot päissään kulki
Miltä on päästään lentänyt lakki
Sekä niin saveen ryösitty takki
Toisen päässä jo veriset haavat
Sitä ne ryypyt matkaan saawat
Kolmas jo ojassa turtana makaa
Niin oksennuksessa edestä ja takaa
Siinä ruumiin terweys löyhtyy
Moni mies ihan peräti köyhtyy

A TALE ABOUT DRINKING

Alcohol causes a nation great harm
And its power can cause great alarm
It can exert such forceful sway
That many a man is led astray
They celebrate shamelessly in the saloon
Where they squander their time inopportune
In their hurry there they leave chores undone
And when their dollars are down to one
They'll pawn whatever they can
To gain a few dollars for their game plan
To savor the edge of that enticing glass
In the din and the curse of that folk mass
Then often card games commence
And many more troublesome forms of expense
One hears amazing things from there
About fights over nothing but a scare.
When a man has imbibed of really strong drink
Then of weapons he starts to think
When a man is empowered in this cesspool
He starts to act like a crazy fool
The furniture he tries to break in twain
He starts to act like he's lost his brain
He'll even walk into the jaws of death
To save him, you might as well save your breath
We have seen too many a time
How the drunks staggered from time to time
Someone's head has lost its hat
And his muddy coat looks worse than that
Another wears bloody wounds on his head
All the result of his wounds that bled
Another poor soul in a ditch is lying
He's in bad shape—is he dying?
What an awful way to treat one's health,
Besides what it does to his wealth

Ei ole taskussa yhtään daalaa	In his pocket he doesn't have a dime
Kuin hän kotiin männä haalaa	When he staggers home one more time
Häntä rietas siinä syrjiin riippoo	Unclean spirits have led him astray
Wälliin nenä maata jo hiippoo	His nose to the ground, he finds his way.
Wiinasta niin monta tautia tarttuu	Strong drink can cause many diseases
Ja mies huonoin tapoin warttuu	And infect him with bad habits as well
Ei mitään tule hänen koti-toimesta	His home-life will suffer immeasurably
Eikä ole hyötyä miehen woimista,	And his physical strength he'll lose accordingly
Se tuottaa koti-perheelle puutosta	His family will see the ugly side of life
Sekä niin monta mielen muutosta	When there's nothing there but sadness and strife
Ja kotona odottaa waimo-parka	Meanwhile at home the poor wife is a sight
Miehen kotiin tultua hän on arka	Wondering what fate awaits her this night
Istuu loukossa niin itku-suulla	She sits in a corner almost in tears
Mitä saa taas mieheltä kuulla	No help has she to calm her fears
Milloin tappo-tuomion sannoo	Her husband's words may be threats to kill
Tahi muuta noituu ja wannoo	He says what he wants, says what he will
Eikä saa waimo wiekkoa mitään	But the poor wife dare not utter a thing
Hiljaa wain sitä kuunnella pitää,	But sits there quietly listening to him
Paljo muutakin pahuutta huomaa	These are not the only evils of drink
Kuin alamme tutkia wäki-juomaa	When we start about this matter to think
Tärkeä olis sen pahuus tiettäwä	We see how important it is to make known
Eikä aina niin huulilla piettäwä	All the harm that this habit can bring into town
Jos olis salongit kiinni lyöty	If all the saloons were closed tomorrow
Siitä olis monelle suuri hyöty	A better life many would know
Kaikki rahat heille taskussa säilys	The money in their pockets would be secure
Eikä miehet noin sikana häilys,	And no longer like pigs would men live anymore
On kyllä kauheata ajatella tuo	It certainly is awful and makes one think
Että minkä tähten ne wiinaa juo	And wonder just why, why must they drink
Joka aina tekeepi kaikkea pahaa	And partake of something that causes such harm
Kaikista kavalin wiemään rahaa	What it does to one's money causes alarm
Myös peri-kadoon miehen wie	It can take a man on the road to destruction
Ja synkkä on hällä elämän-tie	And dark is that road, it can lead to damnation
Ja kun ei ole juontiin pakkoa	And since no one forces anyone to drink
Niin helppohan olis tehtä lakkoa.	It should be easy to stop, don't you think?

A Rascal's Craft | 59

❈❈❈
TEMPERANCE

Evidently this was recited at a meeting of a Temperance Society, of which there were many in the Copper Country at one time.

RAITTIUS ALALTA

Tämä ilta on meille kaikille tietty
On raittius alalta myös puheita pietty
Mutta jos wielä haluatte kuulla
Niin minäki lausun omalla suulla
On wäki-juomaa kyllä monen laista
Jota mies raukat haluaapi maistaa
Siihen he ainuat rahansa tulmaa
Joka tekee miehessä työtä niin julmaa
Se wiepi mieheltä kokonaan mielen!
Ja häwyttömiä saattaa puhumaan kielen
Kun mies niin oikeen siaksi juopuu
Pois kaikki taito häneltä luopuu
Siinä saawuttaa hän monta tapaturmaa
Hänet onnettomuus tääl ajassa hurmaa
En tahto mä niitä miehiä kiittää,
Jotka wäki-juomiin ihtensä liittää
He salongisa joka rätingin juopi
Se kurjuutta kotiperheelle tuopi
Jos mieheltä sattuu terweys postaan
Ei joukolleen pysty leipää ostaan
Kerjuu heti niin tulleepi työksi
Elon kirkas päivä muuttuupi yöksi
Jos hänestä myös aika jättääpi millon
Köyhän talolle käy perhe sillon?
Kun mies on salongiin tuhlannu rahat
Ja niillä on paisunu salunistein mahat
Oi kuinka suuri hyöty siitä ois
Jos wäki-juomat häwiäisi pois --
Kaikki elämä niin kauniille näyttäs
Ja miehet oikeen itsensä käyttäs
Te olette jo siiheen uskoon wartttunu
Sitä warten taaski kokoon karttunu
Että raittius liittonne pitämään waan
Josta työstä mä teitä kiittää saan
Osa kansasta alkaa asian jo huomaan
Ja suuttuu wihtoin jo wäki-juomaan

IN PRAISE OF TEMPERANCE

This evening we are gathered here
Temperance speeches come to hear
But if you can stand to hear one more
I'll oblige and take the floor.
Spirits there are of many kinds
Which men will use to mess up their minds
They won't mind their last dollar to spend
Never thinking how it will end.
It will rob a man of common sense
And loose his tongue to speak nonsense.
When a man becomes really pig-drunk
His skill at anything is shrunk
He's prone to accidents galore
His ways are weird, and what's more
His sober friends he will embarrass
He will have lost all his class
All their funds in bars they'll spend
While home folks suffer misery no end.
If a man should happen his health to lose
He'd have no more money for food or booze
A beggar he would become all right
The brightest of days would be like night
If he should chance this life to depart
His family's way to the poor house would start.
When a man has spent his money in saloons
And caused the keeper's bellies to balloon
What a wonderful benefit it would be
If the removal of alcohol we would see
Life would take on a different light
If men would start to behave aright.
You folks already are of one accord
That's what you are all working toward
The temperance society you will uphold
I commend you for your work so bold.
Some folk are becoming aware of the call
And are developing a hatred for alcohol

60 | *A Rascal's Craft*

Jota ei kenenkään sowi kyllä puoltaa	Which certainly no one should defend
Se suureen waaraan miehiä suoltaa	For it can lead a man to a terrible end.
Siis osaksi kansan mieli jo herrää	The mind of the populace is awakening
Kun he näin Raittius seuroja kerrää	New temperance societies are starting to spring
Te olette wäki-juomasta pestyksi tulleet	You have been freed of this terrible curse
Myös raittius alalta puheita kuulleet	You've heard temperance speeches galore
Miten hyviä puolia se sisältääpi wain	You've heard of its benefits, and what's more
Ja wakawuutta kaswattaa teihin se ain	This has become a serious undertaking for you.
Kauniille taas tämä iltama näyttää	Everyone here looks lovely tonight
Kun kaikki itsensä raittiisti käyttää	When all are sober it's a beautiful sight
Ei nähtä miehiä hourio päissä	No man here has an addled mind
Eikä wäki-juomaa seurosa näissä	And there's no alcohol of any kind.
Paljo me iloa löytään muusta	We can find pleasure in many ways
Eikä ainoastaan pullon suusta,	Other than from the mouth of a bottle.
Me saataan leikkiä laulua ja soittua	We can enjoy music and song
Wielä monta hauskaa illan koittua	And many other joys all evening long
Jotka tuo niin suurta sulosuutta näin	Making this evening a pleasurable event
Kun joka mies on selwillä päin	When every man has a sober intent.
Kuin aurinko kirkkaat säteensä luo	Even as the sun's rays abound
Ja walonsa yli maailman tuo	Bringing light all the world 'round
Niin samoin raittius walaisee meitä	So temperance enlightens our way
Kun emme käy wäki-juoman teitä--	If we never with alcohol play.
Siis kuntoa ja tuntoa minä toiwotan myös	So I wish good luck in this endeavor
Jotka olette tässäkin raittius työs	To you so dedicated and sincere
Tämä suurta woittoa teille wertaa	You will surely accomplish much worthwhile
Enkä puhele enempää tällä kertaa.	And I'll take my seat now with the rank and file.

A Rascal's Craft | 61

RAITTIUDEN LAHJOJA	**THE BENEFITS OF PROHIBITION**
Kuka sen nyt oikeen ajatella woi	Who can imagine the benefits wrought
Mitä lahjoja meille jo raittius toi	That the law of Prohibition has brought
Kun kiinni pantiiin pahuuten pesät	Now closed are all those dens of sin
Joissa riettaus oli talwet ja kesät,	Where indecency reigned day out and day in
Ne lahjat näkyy monella lailla	The benefits can be seen on every side
Joita oli raittius miehemme wailla	Which we hoped prohibition would provide
On toimeen tulon se kaikille luonu	Many a soul gives a sigh of relief
Monen rintaan helpotuksen tuonu	Many others it has saved from grief
Miesten taskussa rahat nyt säilyy	Now money is safe in the pockets of men
Puhtaana heitän mainekki häilyy	Their reputation remains untarnished again
Eikä häpeän kuilussa ryösi kukaan	No one need hide his face in shame
Jokahinen elää paremman mukaan	Everyone lives now without any blame
Kaikki olot niin kauniilta näyttää	Everyone's condition looks so good
Ja miehet itsensä siivosti käyttää	When men are in a civilized mood
Eikä ole heitän käwely niin kierua	Nor are they unstable in their walk
Ei huutoja kuulu ympäri mierua	We don't hear that foolish drunken talk
Kaikki on elämän onnesta hiljaa	Fortune smiles now on many folk
Juuri kuin syödessä uutis wiljaa,	For they hope they'll be no longer broke
Kun wiiina sano meill hywästi-jätteet	When wine bid us her last goodbye
Monen silmiin leimahti ilon sätteet	A flame of joy was in many-an-eye
Ajatelkaa juoppoin waimon kohtaa	Think of the wives of these former wine bibbers
Mikä ilo heitän sydämessä hohtaa	What utmost joy in their hearts now glimmers
Moni on ilosta miestään halannu	Many has given her dear husband a hug
Kuin rauha ompi jälleen palannu,	Since peace has made their home so snug
Pois waimon silmistä kyynel jää	A tear no more in the wife's eye will be
Eikä lapset isää nyt hulluna nää	The children no longer a crazed father see
Ja rauhalliseksi on koti niin tullu	So peaceful has their home become
Miehenki aika kotona nyt kulluu	The husband will spend more time at home
Hän koti-olosta huwitusta sauttaa	He'll happily spend more time indoors
Myös koti-töissä waimoaki auttaa	And actually help his wife with the chores
Se kodin onnea monelle lisää	The home becomes a much happier place
Eikä lasten tarwitse säikkyä isää	When children don't an angry father face
On kaikki ne koti mellakat laannu	The tumult and uproar at home are gone
Joita waimo on niin kärsiä saanu,	Which the wife has had to endure for so long
Rauha ja rakkaus hoiwaapi kotia	Peace and love now abide in the home
Kun ei nyt ole niitä werisiä sotia	Now that those bloody wars are gone
Ei murheita niin tarwitte maistaa	Sorrow one need no longer taste
Onnen aurinko suloisesti paistaa	The sun of good fortune there now is based
On waimolla ihanat mieli-aatteet	The wife has a beautiful state of mind
Lapset on saanu yllensä waatteet	The children sufficient clothing now find
Ja ruokaki aina pöydällä riittää	And food enough on the table is spread
Perhe ilosena nyt onneaan kiittää	They thank the Lord for their daily bread
Kun kodinsa ei ole enään pilassa	Their home no longer is in bad straits
Ja miehet owat normaali tilassa,	And the men are now in normal shape

62 | *A Rascal's Craft*

On siwistys joka-paikkaa lähenny	People are beginning to act civilized
Kaikki ne törkeät rikokset wähenny	That vulgar activity has been minimized
Kohti jalompaa aatetta mennään	We are headed toward a more noble ideal
Eikä linnat ole niin täysiä ennään	And the jails will no longer be as full
Ei kauntilla niin kulungeita suuria	The county won't have the huge expense
Wahatessa kaikkia linnan muuria,	Of watching every inch of the prison's fence
Ei kaduilla wetelehä jätkiä likasia	Dirty bums loitering on the street you won't find
Eikä tule niin paljua mieli-wikasia	And we won't have so many of unsound mind
Jokahinen omaapi terwettä järkiä	Everyone will own a healthy brain
Eikä tahdo fameli-neuwoja särkiä	And work for the family will be for their gain
Eikä ole myös tapaturmia muita	Accidents we'll see decrease
Mikä ennen kohtasi juoppoja nuita	Which formerly were on the increase
Moni kuolonki waaralta säästyy	Many will avoid an untimely demise
Kuin on wiinan kahleista päästy.	Now that we're free of spirit-filled merchandise.

AUTOVEEPERI

Näin Eelu taasen asiasta tuumaa
Kun autokuume niin ihmiset huumaa
Ylyppeys vain köyhäin päähän aytyy
Että rikkaita heitänki seurata täytyy
Vaikka muuta ei olis sitte mitään
Auto kuitenki olla nyt pitää.
Ei ole nyt ennään mitään rajaa
Moni mies vain veleka kaaralla ajaa
Niitä kun rikkaat rahollaan ostaa
Se heillekki niin intoa nostaa
Kaarakuume ei heille rauhaa anna
Monen täytyypi talo morkettiin panna
Sen eteen on moni kaikkensa myöny
Kaara on niin monen tyhjiin syöny
Moni talo on menny jo peri-katoon
On monelta vieny se kaiken sadon
Kun kaaralla ajetaan niinkuin villit
Maksamatta jäi monen leipä-pillit
Myös rästinä vennyy moni muu oorteri
Sillä kaara on talossa semmonen poorteri
Että ainoaanki taalan se talosta vie
Kun edessä on sillä aina vain tie
On monelta saanu se talonki vietä
Varmiki menny niin sammaa tietä.
Sitte köyhyys niin monneen taloon pääsi
Kun tärkein ostettava aina on kääsi
Rahat on menny kaaroihin nuihin
Eikä ne riittäny velekoihin muihin
Siittä liike paikkoihin raskautta koituu
Kaikki velekamiehet mielessänsä noituu
Kun köyhätki sitä päässänsä hauto
Että mitenkä saadaan heillekki auto
Sillä sitte turhaa lystiä ajetaan
Monta tapaturmaaa itelensä hajetaan
Monen elämälle tulleepi surkia loppu
Kun ihmisillä on niin hiivatin hoppu
Monta kertaa tuolla niin nauraaki saa
Kun vouhotusta täynnä on koko maa.

AUTO FEVER

Eelu now wants a few opinions to reveal
About this fever that has become so real
Even the poor folk have gotten so proud
That they have to copy the wealthy crowd
Even if their possessions are very few
A car they must have, preferably new
Their desire here knows no bound
Unpaid-for cars they now drive around
When the rich buys a car since he has the means
The poor, with no money in his jeans
Is still so consumed with this crazy car fever
That he'll mortgage his house to quell his fever
To acquire a car some have sold all
It's consumed their goods, been their downfall
Many a house has gone to rack and ruin
And others saw poverty all too soon.
Then around in their cars they parade
While they leave their grocery bills unpaid
Many an order delinquent remains
For the boarder in the garage holds the reins
It can take the last dollar from your abode
When before it lies the open road
It has taken from some their house of late
And many a farm has seen the same fate.
Then poverty in many a home is seen
When the most important purchase is gasoline.
Money was squandered on the car's ills
And there wasn't sufficient to pay the bills
The merchants are suffering all the while
Those owed debts are cursing, none smile
As the indigent are pondering in their bean
How they too could acquire this machine
And then they drive on useless trips
And often have accidents on these ego trips
Many folks experience sadness and worry
When people are in such a heck of a hurry.
Many times it makes me laugh to see
The nonsense there is in this country.

64 | *A Rascal's Craft*

THE COPPER COUNTRY STRIKE OF 1913

In July 1913, the Western Federation of Miners called a general strike against the copper industry in Michigan's Upper Peninsula. The strike covered three counties: Houghton, Keweenaw, and Ontonagon, although the bulk of the workers were in Houghton County. While there were many incidents of violence surrounding the strike, the worst tragedy came on Christmas Eve 1913. On that night, more than six dozen people—including 62 children—were crushed to death as they scrambled to flee the second floor of the Italian Hall in Calumet. Someone had cried "Fire" at the top of the stairs. There was no fire, but the tragedy permanently scarred the psyche of the region. In 2006, Steve Lehto (the son of Lillian Lehto, the translator of Eelu's poems) wrote an award-winning book detailing the event called *Death's Door: The Truth Behind Michigan's Largest Mass Murder*. What follows is Eelu's four-part take on the events of 1913.

KUPARISAAREN LAKKO 1913

Tääl ameriikas tapahtuu kaikkia
Monta lakkoa ja isoakin raikkia
Nyt Kuparisaaren lakko oli juuri
Ja waikutus oli silläkin suuri
Työläiset koittiwat etujaan parata
Eikä aina sowi herroihin warata
On saatu heität jo alas painaa
Ja yhä alemmas menewät aina,
Työtä on tehny he miulin lailla
Nyt parannuksia owat he wailla
He aina owat herroihin luottanu
Miljoonia Komppanialle tuottanu
Wain wähä se heitä siltikin autti
Kyllä herrat työn tulokset nautti
He hywiä päiwiä osaapi kaiwata
Wiljaa niittäwät ilman waiwata,
On työmieht wain ollu waiwois
Raataneet niin kolkoissa kaiwois
Ja nostaneet paljon kuparia sieltä
Saaneet sawua ja häkää nieltä
Sinne aina niin henkensä uhrata
Ja itsensä pahon likaan nuhrata,
Eikä ilman-alakaan maistu hywälle
Niin mentyä toista mailia sywälle
Sinne on tehneet kauheat roopit
Poranneet kaikki ristit ja toopit,
Herrat wain uusia koneita tilasi
Niillä he miesten kohtalon pilasi

THE COPPER COUNTRY STRIKE OF 1913

Here in America we see much—
Strikes, cessation of work and such
The Copper Country strike we've just seen
Its effects far and wide have been
The workers attempted to improve their lot;
You can't always depend on the big shot
The laborers have been so trodden down
There's no place to go but farther down
They've worked like mules underground
Now improvements they hope will be found
They've always depended upon their bosses
Profits they've brought to them—not losses
But little has it benefited the miner poor
While the bosses enjoyed the gain so sure
They like to spend their days at ease
Reaping a harvest easy as you please
But the workers have seen toil and trouble
Suffering down in that dismal rubble
Copper they've brought up by the ton
Amid smoke and fumes till day's work is done
Taking their life in their hands they descend,
Then get filthy dirty before they ascend
And the air down there is grossly vile
When one has descended more than a mile.
Down there are frightening drops
They've installed all kinds of crosses and props
The big bosses then ordered new machines
This brought great difficulty on the scenes

A Rascal's Craft | 65

Ne raskaaksi miesten olon tuotti	Each man's toil was made more difficult
Sekä monta hiki-pisaraa puotti	Great drops of sweat were the end result.
Ja tunnolle teki semmosen pakon	The situation finally became so difficult
Että wiime-lopuksi aiheutti lakon,	That a strike was the inevitable result.
He tahto jonku ajan nyt näyttää	They thought they'd wait to see a sign
Woipiko herrat maineja käyttää	Whether the bosses alone could run a mine
Ja tekeekö raha yksinään työtä,	Could the job be done with money alone
Ellei köyhälistö ole siinä myötä	If the proletariat stayed at home?
Iso tuli Kuparisaarelle waiheet	Great was the Copper Country's concern
Kuin kansa toteutti lakon aiheet	When about the strike they did learn
Kaikki ratasten pyörintä lakkasi	The turning of wheels is heard no more
Mainarit pikan kädestään nakkasi	Their picks the miners now ignore
Ja hiljaisuus työ-paikat waltaa	Silence reigns on every hand
Pois on miehet nousseet alta,	The men have ascended up to land
Mutta herroille tämä huolia toi	The big bosses really became concerned
Kuin ei wisselin ääni nyt soi.	When the whistle no longer was heard.
Kaikkialla huomiota herättää tuo	Everyone now is aware of the problem
Laumossa kulkeepi työläiset nuo,	As the workmen plan a strategem
Kuin kansa lakon aiheita kanto	The reason for the strike they wanted known.
He kaivos-herroille tiedoksi anto	The company bosses must be shown
Että edustajia puhutella waatii	They want to speak to an agent, of course
Jotka työkansalle oikeutta laatii	Who can bring justice to the work force
Nyt kaivanto oloja pitäsi pohtia	The conditions in the mines must be discussed
Ja korjata työläisten epä-kohtia,	The abuse in the mines they must adjust.
Wain herrat eiwät tätä kuulleet	But the big shots wouldn't lend an ear
Eikä asiaa he näin isoksi luulleet	A matter so small they didn't fear
Kunnes kansa alotti lakkoa tätä	But when the workers walked out on them
Niin sillon tuli heille käteen hätä	Alarm set in and they feared mayhem.
Eikä pärjänny he omin woimin	The work in the mines they could not do
Alkoiwat apulais-serefiä toimiin	Deputy sheriffs they hired, not a few
Niitä he seitsemän sataa laittaa	Seven hundred in all were on hand
Ja niistä oli lakkolaisille haittaa	Who bothered the strikers on every hand
He aina waaniwat kansan jälillä	They lay in wait and spied on the men
Ja kahakoita tuli heitän wälillä	Skirmishes there were again and again
Ja moni wirka-merkkinsä luusasi	Many of them lost their official badge
Toiset heistä kapakoissa puusasi,	Others hung out around the saloons
Siellä he piiriä ja wiskiä joiwat	Where they imbibed on whiskey and beer
Kaiwanto herroille tietoja toiwat	But finally they brought word to the bosses
Että ei he woi lakkolaisia häkiä	That they couldn't handle the situation;
Heille awuksi tilattiin sota-wäkiä	Then soldiers were brought to the confrontation.
Ne Komppaniiain omaa wahtasi	They tended to the Company's affairs, all right
Ja lakkolaisia waani ja jahtasi,	By harassing the strikers day and night
Hywin he osasiwat aseita piellä	They were adept at handling weapons
Ja kansaa häiritä kauntin tiellä	And caused disturbances with their guns

Eikä turwaa heillä ollut misään	People were not safe anywhere
Ihmiset pakeniwat huoneitten sisään	Except in their houses, if even there
Kun sotilaat murha aseita käytti	With soldiers handling weapons of murder
Kansan pelko sekä kauhu täytti	The public trembled in fear and horror
Heillä oli wielä terwettä järkiä	Their minds were still healthy and sound
Wäistää ojettua pistimen kärkiä,	To avoid the bayonets extended around
Haittaa oli nyt miehistä näistä	These men caused trouble all the day
Kaikki sai sitä waaraa wäistää	Everyone tried to stay out of their way
Kuin aina oli niin sotasta aikaa	This environment was such a hostile one
Eikä järjestyksestä mitään taikaa	Everyone feared the sight of a gun
Monta syytöntä linnaan wietiin	Many innocents were hauled off to jail
Ja pistimet kansaa kohti piettiin,	And the bayonet threatened every male.
Kun sotilaita oli tuhat määriä	The soldiers numbered about a thousand
Ja siihen satoja Wattelin jääriä	And then did Waddell's hoodlums descend
Niitä Kuparisaarelle tulla lappo	Into the Copper Country they streamed
Ne lakkolaisia piinasi ja tappo	The strikers to torture and kill they schemed
Nyt oli ne aseet miehillä paholla	Now the bad guys had access to guns
Joita oli ostettu kauntin raholla	Which were purchased with county funds.
Kyllä hurtat mieliwaltaansa käytti	Those hounds certainly wielded their power,
Ja raakaa menettelytapaa näytti	Acted in brutal ways every hour
Ei ihmisen henki mitään maksanu	To them a man's life was worthless
Ei mikään heitä kurittanu jaksanu,	They were always in a state of aggress
Oli kymmeniä salapoliisia wielä	There were also tens of secret police
Jotka aina risteili kansan tiellä	Who skulked among the populace
Ne lakkolaisille hankkiwat syytä	Looking for "a speck in someone's eye"
Ja niitä koittiwat ansaan pyytää	Trying to ensnare someone thereby
Tarkasti sai Lakkolaiset muistaa	The strikers had to be on guard constantly
Ettei he waaraa kohtaisi nuista,	So as not to offend one of them inadvertently.
Ei ihminen tiennyt eteensä sillon	A person never knew from one day to the next
Joutuuko surman uhriksi millon	Whether he'd be sacrificed on some pretext
Lakkolaiset oliwat wihan alla	The strikers endured a time of hostility
Heitä aina uhkasi ankara halla	To do them great harm others had the ability.
Kun lakko on näin lujaksi tietty	The workers in their resolution are firm
Ja neuwotteluja on paljo pietty	And in consultations the bosses confirm
Parannuksia herrat jo myöntää	That some improvements may be forthcoming.
Mainarit junioa sisään työntää	But the miners for a union now are pushing
Wain herrat ei sitä millään säätä	This idea the big bosses did not like;
Niin lakostakaan ei tule päätä,	Now there would be no end to the strike
Kun mainarit lewittiwät tätä huhua	For there were rumors on every side
Lakon tewosta alkoiwat puhua	About the benefits which a strike could provide.
Moni heitä koittiwat pelättää	But many used scare tactics and doubt
Että mikä teitä laiskana elättää	"Who will feed you as you laze about?"
Mutta ihmeeksi sen herrat näki	But the big shots were astounded
Mitenkä järjestyny on työ-wäki	That the work-force was so well grounded

A Rascal's Craft | 67

He toisistansa pitää niin huolta
Niin raikatessa heillä on puolta.

K S LAKOSTA TOINEN OSA

He nytki toimiwat siihen tapaan
Sai lakkolaiset leiwän wapaan
Ja rahaa myöski alettiin kerään
Niin katsoen lakko asian perään,
Siittä herrain sydän nyt piitty
Kun miehiä wain junioon liitty
Herrolle oli tämä wasta-hakosta
Ei ollenkaan he tykkää läkosta
Kun ei maan alta nouse waskia
Eikä siitä saa he woittoja laskia,
Koittawat lakko joukkoja tärwätä
Kilwan kansa skääppiä wärwätä
Hakiwat idästä ja lännestä asti
Joskus löyty niitä kaaran lasti
Siinä oli heillä monet waiwat
He houkuttelemalla niitä saiwat
Kun skääpit ehtiwät saarelle tulla
Ja saiwat lakko aseman kuulla
Ei työhön millään alkaneet ois
Mutta sitä tietä lähteneet pois,
Wain sepä ei heillä käynyt päin
Heitä oli nyt tuotu orjaksi näin
Ja niinkun wankeja heitä piettiin
He wahtein alla työhön wiettiin
Että ei he wain pääsisi hukkaan
Wahdit aina pantiin mukkaan
Kämpästä ei he saaneet poistua
Niin ettei mukana ollut roistua
Ne meihet mielesään huutaa saa
Onko nyt Ameriikka wapa maa
Kun saiwat orjan leipää syödä
Ja mainissa tekewät pakko-työtä,
Wain joku heistä pääsi karkuun
Siittä herrat rupesiwat parkuun
Alkoiwat hakeen skääppiä uusia
Saada mainiin joitakaan puusia
Waikka hyötyä ei ollut heistään
Ei he oppinu kuparia weistään
Hukkaan sai heitän aika kulua

They all looked after one another,
Each one caring for his brother.

C C STRIKE, PART TWO

They operated in such a fashion
That strikers received a free bread ration
And people took up a collection
For the strikers' amelioration.
The big shots became exceedingly worried
When men to join the union hurried
They also found it exceedingly irksome
The idea of a strike was very bothersome
For no copper now rose out of the ground
Which meant no income could be found.
They tried the striking groups to quell
And enlist scabs as soon as possible.
From east and west scabs were sought
And by the carload they were brought.
But now they had a real problem
Coaxing here had brought them
And when they realized the situation
When they got to the work location
Reluctant to work they became,
Would have gone back the way they came,
But things didn't work out that way
Like slaves they were brought here to stay
Like prisoners they were under domination
And guards watched them at their station
So that escape was made impossible
Guards were always at their heel
They couldn't leave the camp without
One of these rascals as an escort
The men in their minds began to wonder
If America is free, why is each of them a prisoner?
The bread of slaves in their lunch was found
And they were forced to labor underground
But some of them did manage to flee
Which caused the big shots to become furious,
In searching for new scabs they were serious
They were really in a predicament
They got no help from the replacement at all
Who couldn't learn to hew out the copper wall
Their time at work was just wasted, not nice

68 | *A Rascal's Craft*

Ei työstään ollut mitään tulua	No profit at all to them was traced
Hintaa he wain kuparille reissasi	They managed of copper to raise the price
Joskus kippa tyhjänä heissasi,	Often useless would hang the digging device
Pitkälle alkoi tämä lakko käydä	This strike is just lasting way too long
Ei herratkaan löyhtywän näytä	But they remain obstinate and strong
Ei johto päätöstä saada raikista	They just cannot come to any conclusion
Lännen-liitto on pahin kaikista	And the Western League is the most troublesome
Jota maini miehet sisälle tahtoo	They want the miners to join their ranks
Mutta herrat sen jo ylön kahtoo	But the big shots ignore the situation
Ja sitä ei he tunnusta millään	They will never agree to arbitration
Waikka työt olis ikänsä sillään,	Even though the work is forever at a standstill
Ei lakkoa myös ole he woittanu	They can see no end to the strike
Waikka owat kaikkensa koittanu	Though thinking they have done their best
On jo ehtineet sanansakki syödä	They have by now had to eat their words
He suomalaisille tarjoopi työtä	They are actually offering the Finns some work
Jotka ensin aikoiwat poies ajaa	After first threatening to send them off
Toisille puolen Wenäjän rajaa,	To the other side of the Russian border
Wain lakko lujana seisoopi yhä	But the strikers stand determined as ever
Pitkäksi wenyypi miehillä pyhä	Their vacation lasts longer than they prefer.
Nuo suur-miehetki asiaan ryhty	Now the higher-ups in the matter got involved
He lakosta keskustelemaan yhty	They arrived to discuss if it could be solved
Heilläkin oli huolta ja taakkaa	To them it was a concern and worriment
Oli etustajia hallituksesta saakka	There were representatives from the government
He kääntyi Kupari-aluetta kohti	They found their way to the Copper Country
Ja siellä he lakko asemaa pohti	Where they deliberated in all sincerity,
Koittiwat siitä nyt hakia mutkia	To this problem trying to find a solution,
Kumpaaki puolta tarkon tutkia	Looking at both sides of the situation
Käwi he kaiwos herroin jälillä	They paid a visit to the big bosses
Mikä on syy mainarein wälillä	Trying to determine the source of the problem
Puhutteli he myös suurta Jimiä	They also paid a visit to Big Jim
Mutta asia on wieläkin pimiä	But the situation remained ever grim
Ja tuskinpa sitä kukaan tienee	And perhaps no one can discern
Kumpi-puoli nyt woiton wienee	Which side will eventually winnings earn
En tässä mä kaikkia kertoa woi	I can't take time here to relate
Mitä tämä lakko mukanaan toi	What repercussions the strike did effectuate
Moni wahinkoa ja kipua nautti	Much suffering and destruction it brought about
Moni ajattoman kuoleman sautti	Many senseless fatalities, there's no doubt
Muistellessa Pensteelin murhaa	As one remembers those Painesdale murders
Ei pyssy-hurttia moitita turhaa	Those gun-hounds are not without blame
He ihmisiä niin julmasti lahtaa	Considering their barbarous butchery
Säälimme niitäkin miestä kahta	We pity those two innocent men
Kansan oikeutta koittiwat puoltaa	Who attempted to defend the people's rights
Ja sen edestä piti heitän kuolta,	And for this cause having to die.
Suurta surua toi kansalle tämä	Great sorrow this to the public gave

A Rascal's Craft | **69**

Laskiissa haudaan miehet nämä	As each of these was laid in his grave
Tapahtuma oli synkkä ja kumma	Deep grief permeated the occasion
Ja suru-saattoa ääretön summa	The number of mourners was an infinite one
Mukanaan he niin lakuja kanto	Many of them flags were carrying
Joka jälkimuistoa kaikille anto	To everyone present demonstrating
Nyt lakosta puhuu monen kieli	That the strike is now on every tongue.
Kaihoa on aina täynnä mieli	A feeling of loss is in the heart of every one.
Ja se wain herrain sisua karsii	The big bosses watch with consternation
Kun lakkolaiset joukoissa marsii	As the strikers march in formation
Yksimielisyys heissä wain juurtaa	They are working now in one accord
Usein pitiwät he kokousta suurta,	Large meetings hence they can afford
Ja koittiwat myös silmällä pitää	They also keep a close watch at least
Josko skääppien lukumäärä itää	On whether the number of scabs increased
Ja usein tekiwät he lakko-wahtia	They often engaged in a striker-watch
Pitiwät myöski skääpillä mahtia	The scabs were the target of this watch
Se uudistu heillä aamun ja illon	This started anew every morning and night
Jotka työssä niin kulkiwat sillon	If anyone going to work they did sight
Kyllä arwonimensä saiwat kuulla	He was called a name, a villain, a scoundrel
Oli kahakoitakin wälillään tulla,	And skirmishes there were, quite a few.
Ja mainarit puhuwat lännen liitosta	Of the Western League the miners were speaking
Siitä herrat ei antanu kiitosta	Which set the big bosses worrying.
Se toiminta oli semmosta muotia	Their operation in this fashion functioned
Se rakensi omia kauppa-puotia	Their own shops they established
Halwalla alko se tawaraa myötä	Where low-priced goods were sold
Jota junion miehet saiwat syötä	To feed persons of a union household
Porwarit siwuutti monta daalaa	The merchants certainly lost a great sum
Se matoja heille mieleen maalaa,	They did not like this loss of income
Kuukausittain lakko kestääpi wai	Now the strike drags on for months on end
Myös paljo asioita matkaan sai	And many difficulties it did portend
Ja jokapaikan kerkiääpi mulistaa	It managed to upset just about everything
Niitä päiwälehti kansalle julistaa	The newspapers got the news circulating
Työmies on myös samaa mieltä	The *Työmies* newspaper has the same goal
Ei tahto kansalta tietoja kieltää	Its intent is to spread the news as a whole
He oliwat aina lakkolaisten lehtiä	They were always the strikers' journal
Heitän mielestä asioissa rehtiä.	Considered to be upright and honorable.

K S LAKOSTA KOLMAS OSA

C C STRIKE, PART THREE

He lakosta siten kertoiwat ain	Stories about the strike they spread
Jokä lakkolaisia kiihotti wain,	Which agitated the strikers as they read
Suometar myös jo asiaan ehti	The *Suometar* also joined the fray
Joka on porwari puolueen lehti	Here the tradesmen had their say
Hän tässäkin piti herrain puolta	They showed a bias toward the big shot
Niitä koki hän kiittää ja nuolta	They wanted their favor to retain

70 | *A Rascal's Craft*

Että kansa hänen renkaasa pysysi	So in their circle they would remain
Ja häneltä aina neuvoa kysysi	And seek their advice when needed
Oli herrain kanssa samassa työs	The big shots' sentiment they heeded
Ja lakon lopun tiesi hän myös	They knew one day the strike would terminate
Niin siihen laihin tiewotki rustasi	And arranged things so they would benefit.
Joka juniolaisten mielen mustasi	This blackened their image with the union
Siitä moni mies hänelle suuttu	And many broke their affiliation
Että *Työmiehen* lukiaksi muuttu	And became a *Työmies* subscriber.
Näin nyt saatiin lakkoa johtaa	Now the strike continued—
Wielä mainitten sotilain kohtaa	But let's talk about those soldiers now
Että mitä hyywää oli nyt nuista	And what good did they do anyhow
No tytöt sen paremman muistaa	The girls in the town will remember it best
Jotka oliwat niin hywisä wälessä	They were on such good terms with them,
Aiwan juoksiwat sotilain jälessä	Shamelessly they ran after them
He sotamiesten hempeyttä nautti	They enjoyed the soldiers' attentions
Ja niistä rakkaita helluja sautti	Many found dear sweethearts among them
Oli tyttöin sydämet ilosta märkiä	The girls' hearts were full of delight
Eikä he pelänny pistimen kärkiä	The bayonets sharp did not them afright
Niistä he turwaa itelleen omisti	They found in them a comfort strong
Ja murha-aseet koppasun komisti	Murder weapons accompanied them along
Syrjään tyttöin koti työt jäiwät	Household chores were all forgotten
Niin pisiä oli ne lemmen-päiwät	So busy were these courting days
Kun sydämessä oli sotilaan tila	When the soldier had a place in her heart
Mutta siinä wain tuli heille pila	But a problem arose when they had to part
Kun sotamieht jo wietiin pois	The soldiers were all sent away
Eikä tytöt sitä niin tahtonu ois	While the girls would have wanted them to stay
Hetken sai he waan lystiä pitää	For a moment they had their fun
Nyt surulla muistawat aikaa sitä,	Then they were gone, every one.
Tämän lakon jätteitä moni noituu	The results of this strike caused many to curse
Siittä raskautta kansalle koituu	For it caused so many difficulties diverse
Sen waikutus ei niin äkkiä erua	The effects will not soon disappear
Sen takia saamme maksaa werua	And it will affect their taxes, they fear.
Täällä oli asestetut mies-joukot	There were armed soldiers all around
Joilla oli täytetty kaikki loukot	In every corner they could be found,
Tuotu kaiwanto herroja puoltaan	They were here the company bosses to defend
Ja lakkolaisilta werta suoltaan	While the strikers paid with blood in the end
Palkkana oli heillä korkea taksa	The cost of this encampment I can't say
Syytön kansa saa sitä maksaa,	But the innocent populace has to pay
Waikka ei olla osakkaita raikkiin	Even those not involved in the strike
Niin kowa silti koskeepi kaikkiin	Find the problem touches all alike.
Aatelkaa te weron maksajat nuo	Think now, you who a tax must pay
Että onko oikeaa tekoa tuo	Is this arrangement the right way
Ja tutkia sais tuota kelpo lailla	And someone ought to investigate it all
Oisko maailma korjausta wailla,	Maybe the world needs an overhaul.

On lakko kestäny jo wiisi kuuta	The strike five months has now lasted
Eikä loppu-tuloksesta tietä muuta	And no solution has been offered
Surua on wain monelle tuottanu	Sorrow has come to many a homestead
Monasti wiaton weri wuotanu	And much innocent blood has been shed
On kansa kärsinyt raakaa työtä	The people have suffered many frights
Wiettäny monta lewotonta yötä	They've spent many sleepless nights
Deputit niin teki uskolla työtään	The deputies were so meddlesome
Eikä he heittäny aseita myötään	They never dropped their weapons
He yölläki murti taloihin sisään	They barged into people's houses at night
Ei kansalla ollut puolta misään	The folk had not defense even slight
Aseet heiltä nyt poies hajettiin	Their weapons they were forced to give up
Monta perhettä pihalle ajettiin,	Many were evicted onto their lawn
Pois lakon woitto monelta haihtu	They lost their desire the strike to win
Hywät toiweet murheeksi waihtu	Their fondest hopes turned to sorrow
Kun weri-töitä se matkaan saatto	When events bloody works did leave
Miten kauhea oli se joulun aatto	How terrible was that Christmas Eve
Kun kansa kokoupi haaliin illon	When people gathered at the Italian Hall
Oli lakkolaisia koolla taas sillon	To give a good Christmas to folks small
He iloiten joulu juhlaa nautti	It was a joyful celebration
Nyt moni heistä kuoleman sautti	Until the deadly devastation
Surman sai lähes sata henkiä	Lives were lost—almost a hundred
Oliko siellä nyt wihollisen renkiä	Was a devil's helper there, some wondered
Kun haaliin hiipi muuon puusi	Into the hall had crept some monster
Joka tulen irti nyt olewan huusi	Who shouted a cry of "Fire!"
Siitä syntyi suuri hätä ja pauhu	This created such alarm and din
Että kansan waltasi pako-kauhu	That all now was panic within
Ja owia kohti nyt rynnttäsi kansa	All rushed to the door and stair
Siihen wiritetty oliki heille ansa	Which turned out to be a snare
Että kaikki syöksyi yhteen patoon	The panicked crowd created a dam
Ja siinä niin joutui peri-kadoon,	The path was blocked in this jam
Niin seka-sorto ihmiset waltasi	Confusion reigned on every hand
Heikommat he kuolleeksi tallasi	The weakest ones were crushed to death
Tämä oli kaikista surusin näytös	This was the most awful sight
Mitä kuata woi ihmisten käytös	Unimaginable was their plight
Moni äiti nyt rientää wastaan	Many a mother descends on the scene
Hän kyynel-silmin etsiipi lastaan	To look for her child where she might have been
Ruumis-kasaan kätensä töytää	Into the heap she extends her hand
Sieltä hän oman lapsensa löytää	There's her own dear child—how can she stand
Murhe ja tuska sydämen waltaa	The grief and sorrow that fills her heart?
Eikä hän selwiä sen surun alta,	Not soon does she recover from that smart
Monelle tuli nyt surullinen joulu	Many now had a somber Christmas
Lakko oli heille semmonen koulu	The strike for them was such a lesson
Joka ei nyt heti mielestä luista	That will not leave their minds very soon
Sitä nyt moni kauhulla muistaa	Many still remember it with horror

72 | *A Rascal's Craft*

Isoksi wihaksi woi tätä nimittää
Pahuus wihollisen tunnon pimittää
Monta ikäwyyttä saattoi matkaan
Kun lakkoa näin ruettiin jatkaan,
On kaikki mutkat jo läpi käyty
Kongressi miestenki tulla jo täyty
Heki nyt koitti tätä asiaa pohtia
Ja esille hakia sen pahoja kohtia
Puhujia oli molemmilta puolen
Niin poistaakseen raskaan huolen
Wain sekin työ lankesi maahan
Eikä he päässy tuosta taahan
Ei lakkolaisia woinu he sakottaa
Eikä herroja sowintoon pakottaa
Turhaan meni heitänki waiwat
He pöytäkirjaan muistoja saiwat
Kaikista lakko kahakoista näistä
Tämän kupari-saaren weri-häistä
Jota herrat saiwat iloten tanssia
He itselleen perustiwat Alijanssia
Tahikka niin sanotuita siti-sonnia
Jotka nyt edusti herrain onnia
He tohtiwat aseitten kansa liikkua
Muistamme mustaa keski-wiikkua

K S LAKOSTA NELJÄS OSA

Heitä Sautrenssille tulla syösti
Sielä he junion tawaroita ryösti
Kaikki löiwät murskaksi hoppua
Koittiwat tehdä juniosta loppua
Oliwat junion kirjurille kowia
Meniwät rikki murtamaan owia,
Taas weri-löylyä syntyi tästä
Joista oli waikea läpi päästä
Kun se laki woimaan hankittiin
Sitte lakkolaisia taas wangittiin
On raikattu yli puoli wuotta
Ja joka yritys on ollut suotta
Ei pääse junion juuret itämään
Deputit tuli siitä huolta pitämään
Sen osoittiwat Moieriaki kohtaan

One can call it the Great Wrath
Evil has destroyed the enemy's conscience
Many negative results were caused
When the strike right now was not paused
Every means in the book has been tried
Men from Congress have come alongside
And pondered over the situation,
Trying to find a favorable solution
There were speakers from either side
In their effort nothing did they hide
But all their attempts were in vain
In their endeavors they saw no gain
They could not fine the strikers
Nor force the big shots to come to terms
For all their troubles they saw no results
But in their minutes they recorded their efforts
Encountered in all the skirmishes
In this Copper Country's blood wedding
At which the big shots did merrily dance.
Now they established an Alliance
Of so called citi-zens*
Which now represented the big shots' view
They dared to move about with weapons
We remember Black Wednesday.

*This is a pun in Finnish meaning "city bulls."

C C STRIKE, PART FOUR

Into South Range they came storming,
The union's materials plundering
They smashed to pieces everything
Trying to put an end to the union.
They were hard on the union secretary
The doors they smashed to smithereens
Again this resulted in blood sacrifices
Which were hard to overcome.
Now a law came into effect
And they began to imprison the strikers
The strike has now lasted a half-year
And every attempt, though sincere
Has seen no union roots to germinate
The deputies did all attempts frustrate.
Nor did they spare the man Moyer

A Rascal's Craft | 73

Joka pyrki täällä lakkoa johtaan	Who came here as the strike's leader
Eikä suojellu häntä korkea sääty	His high rank did not protect him
Kuria nyt hänen maistaa hääty,	He had to taste of castigation
Opettiwat hänenki aseita pelkään	He too was made to fear attack
Ampuwat pyssyn kuulan selkään	They shot him right in the back
Löiwät kapuloilla woiteeksi päälle	Hit him on the head for good measure
Ja hankkiwat matka passit hälle	And procured a trip ticket as a treasure
Wetiwät perässä pitkin katua	Then dragged him down the streets of town
Näyttiwät hanelle junion ladua,	Along the union road he was to go down
Niin residentin johtiwat waaraan	Thus they led the union president
Paniwat Houhtonin tipolle kaaraan	No longer in Houghton to be a resident
Sitte sippasiwat sen Sika-kuuhun	On the train to Chicago they shipped him
Alkamaan siellä toimeen muuuhun	There to pursue another occupation
Eikä lakkoja täällä pitään yllä	Rather than instigating strikes here.
On Kuparisaarella herroja kyllä	Some persons in the Copper Country, it is clear
Ja itse he lakon perään kahtoo	Also attempt to instigate strikes, we hear
Waltansa kukkulalla olla tahtoo,	As they sit up there in their power towers.
Huonolta alkaa jo lakko näyttää	But this strike is beginning to look really bad
Skääpit pian joka mainin täyttää	Soon with scabs the mines will be filled
Lakon rikkureita ilmaantuu aina	Strike violators are showing up every day
Niin leipä-huolet heitä jo painaa	To keep starvation of their family at bay.
Lakko meni wähitellen rappioon	Slowly the strike is beginning to crumble
Työläiset joutu wihtoin tappioon,	The workers have been made humble.
Niin kauwan oli heillä puolta	For their cause they did have support
Kun junio piti leiwästä huolta	As long as the bread didn't run short
Sieltä kun raha awustus loppu	But when the financial help ceased
Niin kaikilla tuli työhön hoppu	The urge to return to work increased
Ken parannuksia nyt kysellä taisi	None dared to ask for improvements at all
Kuin työ-paikkansa jälleen saisi	A return to work was the stomach's call
Monella alkoi puutteet kapista	Shortages showed up on every shelf
Eikä iloa ollut junion napista	The union button couldn't help oneself
Ja luopua täytyi junion kortista	Likewise the union card had to go
Etsiä turwaa Kapitaalin portista,	The Capitalist now was running the show
Monelle tuli nyt huolta ja surua	Care and grief haunted every home
Eikä ollut tuskin leiwän murua	A crumb couldn't be found with a fine-tooth comb
Taas täytyi itsensä orjaksi myötä	Once again to slavery one must submit
Nöyränä mennä kysymään työtä	And humbly ask for a job with no benefit
Tämä nyt herroille rintaa nosti	Now each big shot puffed up his chest—
He puolestaan lakkolaisille kosti	A job, perhaps, but there would be a test
Kyllä nyt herroilla löyty mutkia	They thought of tricks of all kinds
Alkoiwat miehiä tarkon tutkia	Started carefully to examine each man
He tietusteliwät politiikan tyyni	To question his politics was the plan
Tuli myös tarkka lääkärin syyni	And a medical exam was added to the list
Miten on mies terweyten tilassa	To make sure poor health does not exist

Eikä saanut olla ijällä pilassa,	Now age was also an important factor
Se mies onneaan kiittää wai	The man most fortunate of all
Joka työpaikkansa jälleen sai	Was the one who salvaged his job.
Monen herrat huonoksi kollaa	Many were deemed unfit,
Saiwat mustalla listalla olla,	Got put on the black list.
Sillä mielin he alkowat raikata	Those who supported the strike wholeheartedly
Että siten saawat kätensä paikata	Now will have to fend for themselves
Ne hyät humalat meni hukkaan	Their good intentions went for naught
Ja lakosta ei hyötynyt kukkaan	Nothing but sorrow have they brought.
Ei woitosta ollu pientään tietua	The lack of victory was a frustration
Niin on köyhäin homma nietua,	The poor were in a pitiable condition
Sen jokahinen jo tietääpi juuri	And everyone knows it to be true
Raha-walta on mailmassa suuri	That worldly power money can accrue
Ja hitaasti sen muurit murtau	Its ramparts won't yield to conquering
Ennen kansa wäsyy ja turtau	People soon get numb with trying.
Rahalla herrat itsensä walistaa	The rich empower themselves with wealth
Wain nälkä aina köyhät alistaa	While the poor suffer and endanger their health
Lakosta tuli loppu niin karwas	The strike came to a bitter end
Tuskin alkaissa kukaan arwas,	No one dreamed this is how it would end
Se kesti myös kahdeksan kuuta	Its duration was eight months in all
Eikä hyötyä siitä ollut muuta	And no benefit could anyone see at all
Oli wain monta melskettä turhaa	Instead it caused much useless turmoil
Ja tehtiin monta ihmis murhaa	But the many murders were worst of all
Monen kohtalo huonoksi muuttu	The condition of many was worse than before
Myös herrat niin miehille suuttu	And the wrath of the big shots was a roar
He antowat monta sanaa kierua	In taunting words they spoke to the men
Wielä työ-maalla alkowat wierua	And at work harassed them again and again
Myös sai muuwalta työtä hakia	Others had to seek work elsewhere
Ja kärsiä lakko kiihkon takia.	And suffer the effects of the strike over there.

THE TITANIC

The *Titanic* went down on April 15, 1912. There were 2,340 persons on board. The total death list was 1,635. Many of them were Finns. There were 20 lifeboats and rafts—711 persons were taken in lifeboats; six of them died. Captain E.J. Smith was the captain; he went down with the ship. Joseph Bruce Ismay was the managing director of the White Star lines. He survived.

TITANIKIN SURMA

Surman laiwa kuolon pursi
Kyynelitten kylwön mies
Se laskettihin lainehille
Mielen ylpein kuka ties.

Ilo wirsin hurra huutoin
Kansa kaikki terwehti,
Ja ihmis neron tekemätä
Kummastellen katseli.

Titanik tuo nimi ylpee
Suuri oli loisto sen,
Suurin meren kyntäjistä
Kunigas oli laiwojen.

Sawu-pilwet sankat peitti
Saut-hamptonin sataman,
Kun läksi laiwa liikkeheelle
Amerikan matkoihin.

Se kimalteli kirkkahaasti
Walos ilta auringon,
Tuo jättiläinen jättäissänsä
Maansa taakse pimennon.

Laulu kaikui, soitto helkkyi
Wiini wuoti wirtana,
Nuoret tanssi, rikkaat joiwat
Laiwan ilo saleissa.

Kaikki istuu ilman huolta
Ihmis mahtiin luottaen
Ja aika on kuin paratiisis
Päällä meren aaltojen.
Kapteeni wain rauhallisna

THE SINKING OF THE TITANIC

Ship of doom, barque of death
The scatterer of weeping
Was launched upon the billows
A thing of pride for all to see.

With happy songs, shouts of joy
The people gave their greeting
To this modern marvel
As they gazed in wonder.

Titanic, yours a name so proud
How magnificent is she
Largest plowman of the oceans
King of all the ships at sea.

Clouds so dark did cover
The harbor of Southampton
When the ship got under way
America her destination.

It glistened, oh, so brightly
In light of evening sun
That giant in her departing
Leaving darkening land behind.

Singing echoed, music blared
Wine flowed like a river
The youth they danced, the rich they drank
In the palace's salons.

All were there without a care
On human might depending
This was like a paradise
Upon the ocean's billows.
The captain calm and unperturbed

76 | *A Rascal's Craft*

Ohjaa laivaa lastineen,	Directs the ship and cargo
Ja kaksi tuhat kolme sataa	Two thousand and three hundred souls
Ihmistä oli myötä sen.	Were on the ship with him.
Tirehtoori Ismey istuu	Director Ismay sits alone
Salongissa miettien,	In his salon a-brooding
Woitto kilpailussa meitän	We must win this race, he vows
Olla täytyy wannoo sen.	It must be so, swears he.
Koneet jyskyi kotkan lailla	The engines run so noisily
Titanikki halkas ween,	*Titanic* cleaves the waves
Aallot waahtos, meri riehui	The waves they foam, the sea it rages
Ismey nauroi itsekseen.	Ismay's laughing all alone.
Hiljentäkää herran tähten	"Do slow down, for Heaven's sake"
Lennättimest huutetaan,	A shout comes from below
Sähkö-sanoma jonka saimme	We have just received a word
Kertoo jäät on irrallaan.	That ice is on the move.
Ismey nauroi iwa-mielin	Ismay laughs a devilish laugh
Kapteenia käskee hän,	And gives the captain orders
Ajamaan että paikat ryskyy	To go ahead with roaring speed
Uskoi laivan lentävän.	As though the ship were flying.
Hiljaa hiipi illan warjot	Slowly crept the evening shadows
Yli aawan Atlannin,	O'er the wide Atlantic
Sumu synkkä kaikki peitti	The fog it covered everything
Aallot tyynty wihtoinkin.	The waves at last were quiet.
Warjon lailla laiwa kiiti	Like a shadow speeds the ship
Meren pintaa halkaisten,	Ripping through the waves
Mutta kuolon enkel hiipi	But the dread death angel
Saalliksensa ottaa sen.	Is soon to claim his booty.
Kapteeni wain laskee täyttä	The captain now pours on the coal
Ismey huutaa, koneet käy	Ismay shouts, the engines roar
Laiwa kiitää surmaa kohten	The ship now races toward destruction
Wain ei sumun sejas näy.	But the fog just hides it all.
Laiwa ui niin täyttä päätä	The ship proceeds at swiftest pace
Silloin saapuu surman luo	Swiftly looms the crack of doom
Siin on wuori wahwaa jäätä	There's a giant mount of ice
Kohta surmaa laiwan tuo.	And soon the ship it butchers.

A Rascal's Craft | 77

Kapteen huomaa jäisen wuoren
Laiwaa huutaa taakse päin,
Myöhäistä on kaikki sillon
Laiwaa töyttää syrjittäin.

Niin puhkes kylki jättiläisen
Jää nyt rikki wiilsi sen,
Syntyi ryske, paikat paukkui
Kuului huudot ihmisten.

Kapteen huutaa käskewästi
Koittaa kansaa rauhoittaa,
Meihet heti pumput käyntiin
Wenheet kuntoon laittakaa.

Murskana on laiwan kylki
Wesi wirtaa aukkoloist,
Pumput jyskää, laiwa hiljaa
Soluu sohjukosta pois.

Tuonen tuska mielet täyttää
Huuliin hiipii rukous,
Kuolo viikatteensa näyttää
Kaukana on pelastus.

Naiset huutaa, lapset itkee
Miesten silmis kyynel waan,
Ja laiwan hätä-pillit ulwoo
Sähköttäjä on toimissaan.

Kapteen Smit se kannellansa
Siesoo ylwähänä wain,
Hän käskyjänsä sinne tänne
Jakaa järkymättä ain.

Ismey kämpii kajutastaan
Mitä hän nyt karjaisee
Miksi seisoo laiwamme
Nyt rekortimme alenee,

Mutta hänki huomaa waaran
Sydän arka säikähtää
Weneheeseen ensimmäiseen
Hyppää hänki raukka tää.

The captain sees the icy mountain
Bids the ship to backward go
But all's too late, for now the ship
Is punctured in her side.

And so the giant's ribs are ruptured
Ice has done its dirty work
What a racket! What a banging!
People shouting everywhere!

The captains's shouting orders
Trying the passengers to calm
Man the pumps immediately!
Prepare the lifeboats to go down.

The starboard side is smashed to pieces
Water's rushing like a flood
The pumps are pumping, but the ship
Slides slowly into waters deep.

The threat of death fills every mind
A prayer is on many a lip
Death approaches with his scythe
For help is far, so far away.

Women screaming, children crying
Many a man has tear-filled eyes
The distress signals are howling,
The telegraph operator's at wit's end.

Captain Smith stands on the deck
As noble as can be
He shouts commands here and there
Steadfast, firm is he.

Ismay scrambles from his cabin
What is that he's shouting now?
"Why is our ship standing?
Now we'll lose the race!"

But the danger he can see
His faint heart is frightened now
So into the first lifeboat
This poor coward turns to flee.

78 | *A Rascal's Craft*

TUUMA TUPAKASTA

Nyt on tuuma tupakasta
Muuan sana sawu-ruasta
Johon on miehet mieltynyt
Kaikki Jussit juurtuneet
Nyky ajalla ahkerasti
Joka-talos tawattomasti,
Ei ole miesta millonkaan
Pojan kossia konsanaan
Joka ei tunne tupakkata
Ja ajattele sawu-ateriata,
Ompi katsella kauhiata
Sekä haistella hankalata
Joka-paikas joutawia
Piipun-sawua saastasia,
Sitä kaikki kauhistuwat
Siistit ihmiset ilkeilewät
Kuin tupakka tunnetaan
Sawu-ruoka rustataan
Sitä turpaansa tukitaan
Joka naamas nautitaan,
Sitä halulla hankitaan
Oiwa-lailla ostetaan
Siinä rahat raukiaapi
Pois kukkarosta kulkeuupi
Monella tullee tuhlatuksi
Isot summat iässänsä,
Ompi miehet mieletönnä
Pojan-jäärät järjetönnä
Ei he tutki tunnossansa
Eiwät arwaa ajatella
Miten tupakka turmeleepi
Monen raukan raateleepi
Siinä terweys temmataan
Sairauuteen saawutaan,
Siitä yskän yhyttääpi
Keuhko-taudit kehittyypi
Wielä muovon mustuttaa
Ja wartalon se wanhentaa.
Kun nuo poloset polttelewat
Känä-hampaissa käyskelewät
Niin aina piiput pitetään
Hampaisiinsa hankitaan,
Sitä komeillesaan kosiwat
Ja ylpisisään yhtywät

REFLECTIONS ON TOBACCO

Now about tobacco let's have a word
That smoke food of which we all have heard
Which has the men so fascinated
Every Tom, Dick and Harry most elated
Nowadays assiduously.
In every house beyond measure,
There's not a man, not ever
Let alone a boy more than ever
Who isn't acquainted with nicotine
And a smoke meal hasn't seen.
It's most distasteful to behold
Or smell it on the threshold.
This nonsense we see everywhere
Filthy smell of pipes must share.
Decent folk are appalled
Tidy folk find loathsome
When tobacco is brought forth
And meals of smoke concocted
This is stuffed into the face
Into every mug with relish.
With craving it is sought
Eagerly it is bought.
There the money is exhausted
And the wallet empty bled;
Many see great sums wasted
Lifetime fortunes squandered.
How foolish are these men
Stubborn kids the same
Who do not have the insight
Or give the facts some thought
How tobacco damages,
Many a poor soul ravages
There the health is damaged
It leads to diseases many.
A cough it does promote,
Tuberculosis generate.
It darkens one's appearance
And too early ages the body
Then there are those poor fellows
Who so love their pipes
Make a great display of them
Furnish their teeth with them
Who think they look so fine
As they hold their pipe just so

A Rascal's Craft | 79

Owat piippuja pitäessä	March with an air so haughty,
Miehewiä mielestänsä,	In their minds they are so manly
Marsiwat niin mahtawasti	Saunter along so proudly
Sawut tuules tupruaapi	Leaving behind a trail of smoke
Nenän alla aaltoileepi,	That almost makes you want to choke.
Aina on tuska tupakasta	The torment of tobacco enslaves
Kaipuu siitä kauhiasta	It's dreadful when a man it craves
Ompi kukkaro kuuluwissa	Your wallet must be handy
Niin laitettuna lakkariinsa	So you can grab it quickly.
Ja massi-neula matkasansa	The pipe smoker must have his implement
Aina tallella taskusansa	Always ready in his pocket
Sillä karsta kaiwetaan	For when he must clean his pipe
Noki-ruoka nostetaan	The sooty food to dig out.
Sitä suuhun surwasewat	Then there are the chewers
Poski-pieleen pistelewät	Who stuff their cheeks with it
Ompi leuwat lewällänsä	Chew it with their chops astride
Joka-puoli pullolansa	Bulging on every side
Wäyköttelewät wäsymättä	Chomping on it tirelessly
Pureskelewat puuttumatta	Chewing on it incessantly.
Sitte sylkyä sysytään	And then there's spit to deal with,
Jälkeheensä jätetään	They leave the telltale signs behind
Tullee huoneet hupasatki	Where someone soon will find
Siinä pian pilatuksi,	That many a flooring has been ruined
Ompi lattia kannotettu	Many a room defiled has been
Hyäki sali saastutettu	By this bad habit we have seen.
On tien-wieret wiheriänä	You see it on the roadsides
Ihwi-sylystä ilkiänä	Those disgusting souvenirs
Sitä roskaa roiskitaan	The filth someone has left behind
Kaikki solat sotketaan	Of the alleys made a mess
Owat kun siat siiwotonna	A pig would this condition bless.
Tupakasta tunnotonna	Tobacco makes one's mouth unfeeling
Meneepi suut surkiaksi	Brings a condition most distressing
Kaikki-paikat kauhiaksi	Can cause horrors quite appalling.
Sitte haisewat hankalalta	Then don't forget the stench to mention
Wielä paskaa pahemmalta	Worse than any kind of dung.
Ompi rinnat riiwanteessa	They cannot protect their chest
Kaikki-paikat paateheessa	Soiled is clothing and the rest
Sillä ryysyt ryötetään	The wardrobe is in shambles
Niin törkiöiksi töhrätään	So detestable with smearing
Sitte muorit mutisewat	Now the launderesses are grumbling
Kaikki waimot walittawat	And all the wives are complaining
Saako waatteet walkiaksi	Can it be made white again
Etu-puoli puhtahaaksi,	Can the front be bright again
Sitä pahon panettelewat	They can be heard muttering

80 | *A Rascal's Craft*

Joka-pyhäksi pyykätessä	For next Sunday while preparing.
On tympeätä tyttärille	It's distasteful for the young girls
Epä-mieluista misiksille	And for the wives just as well
Sitä sylkyä sysätessä	With that expectorate to be coping
Ja laattioita lakastessa,	When the floor one is sweeping
He tupakalle tuskaantuwat	Tobacco brings exasperation
Loppumatta loitelewat	Dealing with it irritation
Kun nuo miehet mielistyy	That the men are so enamored
Alti piippua pitelemään,	With this substance so abhorrent.
Siitä aina ajattelewat	This remains a puzzlement
Huriasti huolehtiwat	Why on its use they are so bent
Onko tukkia tupakkata	Is it smart to stuff your pockets
Oiwa lasti lakkariin,	With tobacco or a pipe
Sinne piippu pistetään	And add some matches for good measure
Ja tulitikkuja tukitaan	For supposed smoking pleasure
Että saawat sawustella	So they can enjoy the smoke
Wähän-päästä wäykötellä	Among themselves be jesting
Tehdä kestiä keskenänsä	Having a treat while ingesting
Yhyttäessä ystäwänsä,	This toxin with their friends.
Olen mä yksin ymmärtäny	I have learned to hate it
Tuon ilkeyyden inhomaan	This foul stuff to despise
En mä tunne tupakkata	I abhor tobacco,
En halua sitä haisewata	Don't want the stench around
Sitä en suuhuni suatte	I won't place it in my mouth,
Enkä ikänä imeskele,	Not to chew or taste it
Sitä wihaan wiekkahaasti	I hate it with a passion
Aina sorran sopewasti	Avoid it like the plague,
Sitä en suatte suojahaani	I won't allow it in my shelter
Enkä huoli huoneseeni	Nor allow it in my chamber
Olen siistimpi sikoja	I'm tidier than a swine,
Puhtahaampi porsahia.	Neater also than a piglet.

A Rascal's Craft

MAAILMAN SODAN LOPPU

Werinen sota on wihtoinki laanu
Joka on raskautta matkaan saanu
Synkät owat jälki-muistot nyt siitä
Eikä mikään raha sen tuhoihin riitä
Ken weri-wirrat sen kuwitella woisi
Ken luettelon nyt sen uhreista toisi,
Kuiwiin juoksi monen weri-suonet
Pitkiä oli nuo Saksan sota-juonet
Willen tunto kerkesi liiaksi paatua
Miljoonat sai hänen tähten kaatua
Weri-leikki raiwasi wiidettä wuotta
Sen loppua emme nyt iloitse suotta
Se riemu jokahisen rinnan täyttää
Tulewa aika niin ihanalta näyttää
Se murheen harsot yltämme nykki
Rauhaa nyt ihmis sydämet sykki
Se uusia tunteita mieleemme luopi
Elon toiweita meille jälleen tuopi,
Tästä kiittää saame Wilsonnia
Joka niin walwoi kansan onnia
Hän teki työtä äärettömän jaloa
Wirittäissään meille rauhan waloa
Ahkerana hän työssään hääräsi
Ja hän se rauhan ehdotki määräsi
Sodan tahto hän kunnialla lopettaa
Ja Saksalle kerta ihmisyyttä opettaa
Niihin täyty nyt Saksa myöntää
Kun alettiin tulta silmille työntää
Löytyy nyt urhoja meidän maasta
He Willen päästä juonet raasta
Ja Saksaa woiwat selkään antaa
Siitä sankari nimen saawat kantaa,
Nyt Saksa oli peri-kadon partaalla
Ase-lepoa pyysi mielellä hartaalla
Myös paha hätä jo Willellä kapisi
Kuin walta-istuin allansa wapisi
Ja karwaita paloja hän nyt nieli
Niin kuohuksissa oli kansan mieli,
Meni Saksan olot mullin-mallinn
Ja Wille luusasi wirkansa kalliin
Ne woiton unelmat mielestä jäiwät
Niin tukalaksi käwi Willen päiwät
Ja pelko alko kallossa takoon
Että kiireesti piti lähtiä pakoon,

THE END OF WORLD WAR I

Over finally is this bloody war
Which has caused devastation near and far
Dismal consequences it left behind
Money to recompense none can find
Who can ever imagine the loss of blood
Or the number of those who were sacrificed
The veins of many were bled dry
The Germans suffered greatly thereby
Bill* his own feelings did discount
Millions fell on his account
Almost five years this bloody sport continued
We don't rejoice in vain that it's ended
Now every heart with joy is full
And the future looks so beautiful
Now our sorrowing we can cease
Folks' hearts beat with the joy of peace
It brings new feelings to the mind
And new hope our lives do find
For this we can thank our President Wilson
Who looked after our land and its men
Who on our behalf did noble work
His work for peace he did not shirk
Diligently he performed what he must
He proposed peace terms that were just
He wanted an honorable end to reach
And humaneness to the Germans teach
So Germany had no choice but to concur
When their feet were put to the fire.
Many heroes were found in our land
They rent the designs from Bill's head and
They were able to give Germany a beating
To be called heroes they are deserving
Germany was on the brink of an abyss,
Pleading fervently for an armistice
Great distress had overtaken Bill
Since his throne was quaking still
And he had a bitter pill to swallow
The people were not inclined to follow
The whole country was in a mess
And Bill lost his precious office
Dreams of victory left his mind
The situation now was a different kind
And fear in his brain began to repeat
That he had to make a quick retreat

82 | *A Rascal's Craft*

Miltähän tuntui se Wille parasta	I wonder how it felt for poor Bill that week
Kun tulewa aika synkältä sarastaa	When the future looked gloomy and bleak
Mahtoi mielesään jo ajatella senki	He probably was already thinking
Jos wielä lienee waarassa henki,	About saving his life or really sinking
Hänellä mieli-kuwitusta oli kerraksi	At one time he had it in his mind
Aikoi runnata maailman herraksi	That masterey of this world he would find
Wain pieneen supistui hänenki olo	But his state was reduced to nothing
Ja lopussa tuli hänestäkin nolo.	And finally he became just a has-been.
Jokahinen meistä sen kyllä jo ties	Everyone of us knew, you see,
Että Wilsonni on se rauhan mies	Wilson a man of peace to be
Ja siwistys aina tuntoa walotaa	And he has an enlightened mind
Ettei hän riiitoja tahdosi alottaa	He will not begin quarrels of any kind
Mutta asiat kuin kipeasti waatii	But when necessity demands
Sillon hän miehet aseihin laatii	He will call to arms all hands
Pakko on silloin kampoihin panna	We know it is necessary to resist
Kuin wihollinen ei rauhaa anna,	When the enemy will not give you any peace
Paljon oli meillä hommaa tästä	It was an enormous undertaking
Kun woimme aseihin kiinni päästä	Preparations for war to be making
Miehet meillä oli niin hajallaan	From far and near men had to be called
Kaikki leirit piti tehdä ajallaan	Army camps had to be established
Ja miehet uutesta koulata juuri	The training of men was started post haste
Niil tehdä asewarasto suuri	An arsenal of arms had to be acquired
Ahkerana sai nyt hallitus toimia	To work diligently the government was inspired
Pannessa kokoon tämmösiä woimia	To put forth this effort to go to war
Ei tyhjällä woi semmosia täyttää	It required work and much more
Tointa ja rahaa piti siinä käyttää	Funds were needed to pay for it all
Ja löyty maastamme ainetta kyllä	All of this was found in our land
Joka Liittoutuneet piti niin yllä	With the Allies we worked hand in hand
Että maamme sai kauniin woiton	So the result was a glorious victory
Ja kansa uuden aamun koiton	And a new morning dawned in our history.

* Kaiser Wilhelm II

BOLSEWIKIN HALLITUSMUO

Tää on Bolsewikin haallitus-muoto
Siihen aina kuuluupi weren-wuoto
He pahat-puolet näyttää työstään
Rientäwät murhaan sekä ryöstään
Kaikki rikkaat pois hengiltä lyötään
Ja miehissä heitän tawaraa syötään,
Eikä järjestyksestä ole nyt taikaa
Kun eletään uutta wapauten aikaa
Nyt kenenkään ei saa tehdä työtä
Aina wain laiskan leipää syödä
Eikä siwistystä saa misään käyttää
Wain raakuus joka suhteesa näyttää
Se kuuluu heitän makunsa mukaan
Eikä siitä saa nyt poiketa kukaan,
Se on hallituksen määräämä tapa
Rakkaus on myös kaikilla wapa
Ja awioliiton kohta on niin somaa
Kun naisetki owat waltion omaa
Heität waltio raaka-aineeksi riistää
Sitte miehet ottaa omansa niistä
Eikä tarwitse naiselta lupaa kysyä
Naisen täytyy siin asemassa pysyä
Kun se on waltion antama taksa
Eikä naisen kunnia mitään maksa,
Jotka owat sillon naisten tilalla
Tuntewat mailman olewan pilalla
Kärsiissä tuommosta orja-waltaa
Eikä wapautta saa sen ikeen alta.

BOLSHEVIK STYLE OF GOVERNMENT

Now about the Bolshevik style of rule
Shedding of blood it will always include
Their bad side they don't mind showing
They rush to murder, pillaging and looting
The rich they are quick to slaughter
And then their goods they devour
To be organized they don't even try
They are living this new life so high
No one needs any more to labor,
But the bread of laziness each can savor
They don't even try to act civilized
But brutal ways they have devised
That's how they prefer to stay
No one need deviate from that way
It's what is decreed by their policy
And love for all is also now free
So odd is the state of matrimony
For women are now property of the state
To be used as raw material is their fate
Then each man can choose his own
And need not ask the woman's permission
A woman must remain in that situation
Since that is the government's decree
And the woman—no worth has she
Those seeing the position of women there
See the corruption beyond compare
Those who suffer slavery of this kind
Wish they somehow could freedom find.

MATT KURIKKA AND SOINTULA

Around 1900 conditions were terrible among Finns working in the mines and forests of Canada. Many dreamed of moving into a healthier environment. Someone thought of writing to Matt Kurikka in Australia asking him to come to British Columbia to start a Finnish colony.

The son of a wealthy family in Finland, Kurikka had left for Australia to establish an El Dorado type of Utopia based on liberal ideas that were not looked upon favorably in Finland. This venture was deemed a failure after ten months. The penniless idealist was eager to leave for Canada when he received the call. He arrived in British Columbia in August 1900 and soon assumed presidency of *Kalevan Kansa* (The People of Kaleva), the same name he had given his Utopian experiment in Australia.

Upon consultation with the Canadian government the group acquired Malcolm Island, and named their settlement *Sointula* ("the place of harmony"). The provincial government signed an agreement with the Kalevan Kansa Colonization Company on November 27, 1901. In return for the 20,000-acre island, the company was obliged to meet certain conditions, which, if met, would make the island theirs in seven years.

The vision was to create a society where property was communal; everyone was to share, participate, and everyone was equal. In theory this was fine, but human nature being what it is, things did not work out. To be sure, there were a number of decent, hard-working settlers, but too common was the feeling "Of course we'll work, but not today and not this kind of work." Disillusion set in, controversies arose. Many of Kurikka's ideas, including those regarding family life, were unconventional, to say the least. Kurikka left the colony in October 1904. In the following poem Eelu mentions Kurikka pocketing communal monies, but research for this book found no such mention. Perhaps in his day Eelu read something which current writers have not noted. Sointula dissolved as a Utopian colony in 1905.

Today Malcolm Island is still a thriving community. During the Vietnam War draft dodgers arrived and established residence there. Although life will never be the same, it is said that "its residents still consider it a delightful home."

KURIKKA MATIN POLITIIKKA

Kurikka Matin jokahinen muistaa
Niin kerrron sen hommista nuista
Hän oli se mies kummempi muita
Hän aina kehräsi hankkeita nuita
Kyllä tieto-warastoja piisasi hällä
Oli hywä supliiki miehellä tällä
Hän pysty kiiwaita puheita pitään
Sai rikka-ruohot kansassa itään,
Oli päähänsä saanut hullun kurin
Ja monen aiwot hämmenti nurin
Hän koitti uutta maailmaa luoda
Ja meille walmistaa aikaa tuota
Jolloin tää köyhyys kaikista eriää
Eikä kukaan työtä toiselta keriää
Ja toimeen-tuloa on kaikilla kyllä

THE POLITICS OF MATT KURIKKA

Surely everyone does Matt Kurikka recall
So I'll relate a bit about his enterprise and all
He was a personality quite unique
Always a new venture did he seek
His store of knowledge knew no lack
For persuasive speech he had a knack
A passionate speaker who with his deeds
In the minds of his audience sowed but weeds
A crazy idea had invaded his cranium
In the brains of many he created pandemonium
A new world order he wished to create
The ills of this present world to abate
When poverty we will see no more
We won't need to beg for work like before
A comfortable living will be enjoyed by all

A Rascal's Craft | 85

Woipi itsensä pitää helposti yllä,	To support yourself will be no trouble at all
Matin puheissa oli hywää makua	Matt's speeches had a great appeal
Kun kansalle saarnasi tasa-jakua	Equal distribution was to be the deal
Ja ihmiset yksin arwoseksi aina	All would assume the same station in life
Että työn orjuuus ei ketään paina	Job assignment would cause no strife
Aiko tämä hallitus-muodon laata	Kurikka began to prepare this state
Ja sitte sen kultaisen ajan saada	Thereby this golden age to create
Että kuusi tuntia on päiwän työ	Six hours a day would everyone toil
Jokainen paremman mojakan syö	A more tasty soup the wives would boil
Ei olemassa oo ylempää luokkaa	There would be no class distinction
Kukin omaksi edukseen muokkaa,	Each would tend his own habitation.
Hän näki jo malako-saaaresta unta	Of Malcom Island he began to dream
Sinne perustettiin nyt walta-kunta	To establish a kingdom, so it would seem
Siihen moni itsensä jäseneksi liitti	Many people joined him in this walk
Jotka Mattia järki-puheista kiitti	Who thanked Matt for his sensible talk
Nyt tekiwät yhdessä weljeys työtä	As brothers they joined in their work
Ja Matti oli aina kaikissa myötä,	Matt joined them, he did not shirk
Kuin muurahaiset rakenti he pesää	As busy as ants they built their nest
Niissä wiettää saa ikuista kesää	Hoping there eternally to rest
Niin lupaawalta aika nyt näytti	Everything looked so very promising
Hywä toiwo heitän mielen täytti,	With hope all of their hearts were brimming
Mattti wain siellä passana hääri	Matt hustled and bustled all the while
Niin kullekki aina tehtäwät määri	Assigning each his work with a smile
Nyt kaikki puhalti yhteen putkeen	Together they put their shoulders to the wheel
Matti kuuli sujuwan työn sutkeen	Matt saw all things going along well
Hän ohjat tahto kädessään pitää	The reins in his own hands he would keep
Mutta itse-rakkaus alkokin itää,	But a seed of greed into his mind did creep
Tawaran himo niin mieleen pisti	A desire for things captured his mind
Hänestä tuli hirmuinen kapitalisti	And soon toward capitalism he was inclined
Hän asiat jo sille kannalle peräsi,	He began to arrange things in such a way
Ja rahat omaan taskuunsa keräsi	That dollars in his own pocket would stay
Wain wehkeensä tuli kaikille julki	His schemes very soon became known,
Mitä tolaa heitän hallitus kulki	A traitorous life their leader had shown
Heti elämä sekämelskaksi muuttu	Life in the commune was a total mess
Ja joka mies niin Matille suuttu	To a man their anger they did confess
Että wihasta ottiwat aseet käteen	Matters they took into their own hands
Ja Matin ajowat käpälä-mäkeen,	And sent Matt off to other lands
Niin hallitsiansa paniwat menneen	They sent their leader on his way
Kaikki hajosi kuin Baabeli ennen	Like the Tower of Babel all was in disarray
Nyt oli heität jo kauniisti petetty	Betrayal each now felt in his head
Nenästä malako-saarelle wetetty	To Malcom Island by the nose they'd been led
Missä ei ole nyt herrana kukaan	Their leader is gone, where, no one knows
Kukin saa ellää mielensä mukaan.	Each one now could live as he chose.

86 | *A Rascal's Craft*

THE MINNESOTA FIRE OF 1918

The summer of 1918 was very hot and dry in Minnesota. The timber industry left dry scraps lying around rail lines—perfect for kindling. Since train engines gave off sparks, it was an accident waiting to happen.

Fire broke out on the afternoon of October 12. High winds fanned the flames, giving people very little time to escape. A sharp turn on Highway 73 south of Kettle River became a death trap when vehicles fleeing the fire ran off the road because of poor visibility caused by smoke. There were 25 crashes on that site, now known as Dead Man's curve. Cloquet was hit hardest by the fire.

In all, 38 towns and villages were destroyed, 453 lives were lost and 52,000 people were injured or displaced. 250,000 acres were burned, 4,000 houses, 6,000 barns and 40 schools went up in flames. Hundreds of farm animals also perished—a huge loss for the owners. It is estimated that the region suffered close to $100 million in damages. The area received $13 million in federal aid.

The fire was deemed one of the worst disasters in Minnesota history. Eelu memorialized it in verse.

KAUHEASTA TULIPALOSTA

Sieltä pohjois minnesootasta päin
Tämä ikäwä uutinen kuluu näin
Woi rajatonta siellä sitä tuli palua
Tuhkaksi meni monta tuhattta talua
Ei kenenkään kieli sitä kertoa woi
Mitä surkeutta se siell ihmisille toi,
Kun warmi kontreja poltti se ensin
Sitte tuulena kaupungeihin lensi
Tuhot meni äärettömän taajaan
Teki liekin satoja maileja laajaan
Ja tuulli synnytti hirmusta pauhua
Ihmisille tuli siellä pako-kauhua,
Kun turwaa ei heill löytyny eteen
Monet hädissään juoksiwat weteen
Jotku tuliwat niin pelwosta raiwoon
He tulen edellä pakeniwat kaiwoon
Mutta turwaa ei saanut tuolta
Sinne heitänki täytyi kuolta,
Myös satoja onnettomia oli niitä
Jotka ei pakenemaan päässy siitä
Waan tulen uhriksi soruiwat siin—
Heität otti kuolema julmasti kiin—
Ne jotka wielä siell henkiin jäiwät
Heille tuli siittä murheen päiwät
Niin katsellessaan raunioita nuita

A DISASTROUS FIRE

Word has come from northern Minnesota
And the sad news goes like this:
A fire of unimaginable proportions
Has reduced thousands of acres to ashes
No tongue can begin to relate
What woe and misery was the fate
Of those whose farms it burned as it raged
And moved into towns as this war it waged
Destruction spread far and wide
As the fire spread from side to side
Urged by the wind, its thunderous roar
Drove the panic-stricken folk to death's door
Safety was nowhere to be found
Even a watery refuge was not sound
Some became so frenzied with fear
They sought refuge in a well that was near
This effort on their part was futile
Death sought them there as well
Hundreds there were of those unfortunates
Whose efforts to escape were fruitless
Victims of the fire they perished—
To death's ferocious grip they surrendered—
Those who survived the conflagration
Suffered grief and affliction beyond mention
Viewing the breadth of the destruction

A Rascal's Craft | 87

Eikä kodistansa ole jätteitä muita	Every home was lost—gone to perdition.
Ken ajattelee heitän kohtaloa tuota	Considering the fate of those left behind,
Murheita alkaa mieleen luoda.	Grief and sorrow fill one's mind.

MUSINGS

❀✿❀

WHAT LOVE IS
A LOVE SONG
A TOUGH LESSON
THE DEATH OF A RICH MAN
SPRING
AUTUMN
WINTER
ABOUT A HAPPY MARRIAGE
ABOUT AN UNHAPPY MARRIAGE
A HAPPY-GO-LUCKY GUY
THE BETRAYED ONE
THE GYPSY
LYRICS FOR THE SONG:
   "THOU CREATOR GREAT AND MERCIFUL"
POEMS FOR SPECIAL OCCASIONS:
   GOLDEN ANNIVERSARY
SAMPLE LOVE LETTERS

MITÄ RAKKAUS ON

Kuka sen oikeen selittää woisi
Mitä ainetta tuo rakkaus oisi
Joka on ihmis-sydämeen luotu
Sekä niin helläksi tunteeksi suotu,
Olen mä koittanu mietteitä luoda
Enkä woi muuksi päättää tuota
Se ompi sydämen hellin jakkaus
Sille on nimeksi annettu rakkaus,
Mutta waikutukset sillä on suuret
Laajalle itääpi rakkauden juuret
Eikä se woi sydämestä laata
Mutta paljo woi matkaan saada
Se tekee töitä niin monen-laisia
Yhteen sitoopi miehiä ja naisia,
Siitä johtuupi hywää ja pahaa
Kuin ihmisissä se piilii ja sahaa
On monta-kertaa käynyt jo niin
Kun kaksi rakkautta tarttuu kiin
Ei toisistaan he millään eriä
He tahtoo niin päämaalin periä,
Monen se myös iki iloon wie
Että aukee elämän ja onnen tie
Woipi se myöski surun heittää
Sekä murheen-pilwillä peittä
Siitä moni löytää kuolon-lähteen
Surmaa itsensä rakkauten tähten
Siis rakkaus sisältää monen-laista
Että wertaa ei sille löyty maista.

WHAT LOVE IS

Who on earth can begin to explain
What substance love did contain
When it was created in the human heart.
It produces such tender feelings
I've tried to ponder it o'er and o'er
And have come to no other conclusion
But that in the heart is a tender part
Which has been given the name of "love"
But the effect it has can be great
Its roots can spread out far and wide
Its work in the heart will not cease
And it can bring about much increase
It does work of many kinds
A man and woman together it binds
It can achieve both good and bad
When in the soul it lurks and hides
Happen many times we have seen
That two so attached have been
They will in no wise each other leave
Together they desire their goal to achieve
Many it leads to joy everlasting
Which will surely a blessed life bring
But it can also lead to sorrow
And bring clouds of grief on the morrow
Some have been led to the brink of death,
For its sake given their last breath
Love, therefore, is of many a kind
Nothing else like it can anyone find.

LEMPI LAULU

1
Mäjen laidalla pienoinen tölli
Jossa armaani asunto on,
Siellä ruusuni puhtaana säily
Elon myrskyiltä tuntematon.
2
Minä ruusuani hellästi hoitin
Ja kastelin kyynelillä,
Sitä myrskyiltä suojella koitin
Ja puhtaana säilyttää sen.
3
Se ruusu oli mun eloni kukka
Ja nautti waan wapauutta,
Sen lehdet ja puhtauten loisto
Rauhan mun rinnasta wei.
4
Liekkö lempeni ollut niin kylmä
Kuin ruusu ei wiihtynytkään,
Taikka hentoiset lehtensä taiton
Minä kylmällä kohtelullain.
5
Se lempeni mun ihana ruusu
Kylmeni kuin syksyinen yö,
Se kaihon mun rinnasta heitti
Ja murti mun tunteitani.
6
Jos ruusuni wirkoisi jälleen
Häntä hellemmin hoitelisin,
Sen painaisin rintaani wasten
Ja kyyneleet kuiwuisi pois.
7
Se sydän woi kaikkensa antaa
Mikä kerran jo murtunut on,
Ruusu silloin jo kukkia kantaa
Mikä kyynelillä kasteltu on.

A LOVE SONG

1
On the side of a hill a small cottage,
My beloved does dwell there,
Where my rose remained so pure
Of the storms of life unaware.
2
I lovingly tended my rose
And watered it with my tears,
I sheltered it from the storms of life
And kept it safe through the years.
3
That rose was the spark of my being
But she wanted not to stay,
Her leaves and her luster pure
Took peace from my bosom away.
4
Perhaps my love was too cold
Since my rose failed to thrive,
Perhaps her delicate leaves I bent
And her love did not keep alive.
5
My lovely beautiful rose
Grew as cold as the autumn night,
The longing left my bosom
And my feelings were crushed outright.
6
If my rose would revive once again
I would care for her more tenderly,
I would clasp her tight in my bosom
And her tears I would wipe away.
7
A heart will give its utmost
Which once has broken been
And a rose will bloom most profusely
Which tears as nurture has seen.

PIISKAUS JUTTU

Nyt ahtaalla maailman asiat ovat
Siittä syntyy puolue kiihkot kovat
Ja sattuipa niin mukavasti kerran
Miehiä oli koolla jonku verran
Sota-asiat sai heillä mieleen juosta
He puhelivat hirmuvallasta tuosta
Miten julmasti Ryssä Suomia vaivaa
Suomen omasuutta ryöstää ja raivaa.
Olipa joukossa yksi Molotovin renki
Hänestä löyhkäsi katkera henki
Ja Suomia hän nyt sorti ja moitti
Siittä pojat häntä varotella koitti.
Että pienempää suuta pitääpi käyttää
Tahi koti-kuria he sinulle näyttää
Sillä pojat oli myös asiasta jälillä
Mutta kiistely ylty vain heitän välillä
Heikki vain Suomia sorti ja häpäsi
Niin pian nyt poikain tuuma läpäsi
Kun käyntiin pantiin korpi laki
Yksi vesakosta heti piiskoja haki
Ne pisti nyt talteen oven taa
Niistä Heikki kohta niin maistaa saa
Kun asiaa tuli hänellä mennä ulos
Siinä oli nyt kiistelyn loppu-tulos
Heikin pemppu paliaaksi kuorittiin
Piiskalla pitkin selkää suorittiin
Pojat heilutti niin notkiaa risua
He kojetteli Heikin pahaa sisua
Pojat niin innolla lyömään ayty
Että vihtoin Heikin tunnustaa täyty
Ja lupasi Kommunisti aatteesta laata
Eikä ennään sortaa Suomen maata
Kun piiskoja sai hän kaheksan paria
Eikä läsnä ollut siinä omaa Maria
Vasta huomenna sai hän asian kuulla
Niin hänki sanoi totisella suulla
Että se oli aivan justiin hälle
Semmoselle Molotovin renkille tälle
Myös sereffi tämän asian kuulla sai
Hän makiasti sillä naurahti vai
Ja kaikki siitä nyt kiittääpi poikia
Se teko oli heille aivan oikia

A TOUGH LESSON

The affairs of the world are in a predicament;
This sometimes causes political disagreement
And it so happened not long ago
Men were gathered, quite a few
The war was the topic of the moment,
Especially about the tyrannical treatment
Which Russia on Finland was imposing,
Her properties robbing and plundering.
One of Molotov's friends happened in the room
From him emanated an acrid fume
He spoke ill of Finland and criticized;
The others in the group to warn him tried:
You had better keep your mouth in line
Or you will taste of some home discipline.
The boys knew the worst was yet to come
As the argument went on and on
Hekki continued to speak shamefully of Finland
And soon the exasperated fellows planned
"We must put in place the law of the wilderness."
From a bush one fetched a switch, no less
It was placed in safekeeping behind the door
Heikki did not know what he was in for
When he found need to go out of doors.
This now was the final result of the dispute
Heikki's *pemppu* was laid bare
And the switch the men did share
As they wielded it up and down his back
Attempting Heikki's bad attitude to crack.
So enthusiastic were they in their task
That finally Heikki for mercy did ask,
Promised to clean Communism from his brain,
And never to speak ill of Finland again.
He had eight wielders of the switch
And his Mari was nowhere near to help
Not until the morrow did she hear of it
With a straight face said she was glad of it
That it was just what he deserved,
That man in Molotov's employ.
The sheriff soon heard about the brawl
And had a good laugh over it all
Now everyone looks at those boys thankfully
They who did their duty so faithfully.

92 | *A Rascal's Craft*

Vain miltä tienee tuntunu Heikistä	But one wonders how Heikki is feeling,
Mahtoiko tykätä semmosesta leikistä	Whether he enjoyed this kind of faith-healing
Niin alettua Suomen poikain kestiin	Administered by the Finnish boys at play
Misä Kommunismi niin poies pestiin.	As Communism they washed away.

RIKKAAN KUOLEMA

Työlästä ompi rikkaan kuolta
Ja lähtiä pois mailmasta tästä,
Kun tawarasta hän pitää huolta
Siitä on waikea erilleen päästä.

Raha on hälle kaikesta mieluin
Elin-aika siin wilkkaasti luistaa,
Rahassa kiinni ruumiin ja sielun
Ei kuolon-hetkiä koskaan muista.

Nähtiin Suomen maassa kerran
Ja ompi aivan puhdasta totta,
Siitä nyt lausun hiukan werran
Ja ainetta saan runooni ottaa.

Oli eräs kuuluisa porvari sielä
Oppinut oikeen rahoja kääriin,
Se kaikella on muistossa wielä
Markkoja oli miljoona määrin.

Kun kuolema tuli häntä noutaan
Waikutus kolkutti rinassa niin,
Hän ei matkalle tahtonu joutua
Rahasta oli wain lujasti kiin.

Synti ei häll tuntoa waiwannu
Waikka silmissä oli kuolon-kalwo,
Eikä Herran autuutta kaiwannu
Hän wain raha-summia walwo.

Tohtori parhaan kykynsä koitti
Ei woitu kuolon edessä kestää
Hän tohtoreita kirosi ja moitti
Kun ette woi kuolemasta estää.

Muuttunu ei sen mieli eikä järki
Ei woimia wieny kuolon tuska,
Ja sängyn pään hän rikki särki
Niin raiwostui wihan puuska.

Hän kiukuitsi kaikkein nähten
Kun apua ei woitu hälle hakia,
Odottamattoman wieraan tähten
Pitää jättäää maailma makia.

THE DEATH OF A RICH MAN

With much distress a rich man dies
And prepares to leave this earthly abode
His hoarded treasures are dear in his eyes
How can he leave this precious lode?

Acquisition of money is his life's goal
Its shine is a relish to his eyes
He hugs his riches with body and soul
Never giving a thought to his demise.

This happened in Finland, it is said
And this is most certainly true
I'll tell you about this as I'm led,
It's fodder for a poem or two.

There was a tradesman very well known
In financial matters extremely learned
Everyone remembers him in the town
Finnmarks by the million he had earned.

When death came knocking at his door
The weight of this call did hit his chest
But he had no time for this guest sore
His money to hold he did his best.

The thought of sin never entered his mind
Although death stared him in the face
His love of riches had made him blind
Nor did he seek the Master's grace.

The doctors to heal him did their best
But the duel with death could not be won
He cursed the doctors and the rest
Though all their utmost they had done.

His mind nor his brain could not be moved
The pain of death left his strength intact
In rage and fury his strength he proved
By breaking his bedstead in a craven act.

He fretted and fumed at all around
That he had to leave what he loved the best
Since help for him could not be found
He had to meet this unwelcome guest.

Kaikki keinot jo mieleen juoksee	Every method ran through his mind
Ja ajatteli waikka minne-päin,	And his thoughts went this way and that
Sitte hän renkinsä kutsui luokse	Then he asked them his chore-boy to find
Ja hänelle siinä lausui näin.	And he voiced his suggestion very pat.
Jos sen palweluksen mulle teet	If you will do this service for me
Ja henkisi alttiiksi paat,	And give your life for mine
Että kuolemalle edestäni meet	If you will face death in my stead
Jo hewoskuorman rahaa saat.	A wagonload of money will be thine.
Wain kuolema ei hywäksyny sitä	But Death did not approve this plan
Eikä hänelle kelvannu renki	The chore-boy didn't qualify
Rahaa ei hän arwossa pidä	Money at this stage won't help a man
Rikkaanki täytyy antaa henki.	A rich man cannot Death defy.
Kiukus silmänsä kiinni painaa	In anger then he closed his eyes
Kun ei raha nyt enään auta,	His money did not help him
Jota on hän jumaloinu aina	That which he'd worshipped all his life
Nyt on edessä kolkko hauda.	At his death betrayed him.

KEWÄT

Kesä nyt talwen taistelussa woittaa
Armas kewät taas alkaapi koittaa
Pois talwen kylmä tuimuus taukoo
Kaikki purot wettensä wirtoja aukoo
Pois nyt hämärä ja pimeys haihtuu
Päiwät jatkuu ja kirkkaaksi waihtuu
Aika on taasenki wuodesta parhain
Käy linnut laulaan aamulla warhain
Kewättä on nyt lintuinki suussa
He ilowirsiä wisertäwät puussa,
Koko luonto heräjää uusiin woimiin
Kaikki taas alkaapi kesän toimiin
Kun talwi anto meille hywästi-jätteet
Tuoksuu lämpimät auringon sätteet,
Etkö talwi sä töittesi kauhusta haikea
Pois katoaa lumi-waippasi waikea
Poissa on talwen mahti ja walta
Maa wirkoaa kolkon peitteen alta
Kesän loistoa pian se yllänsä kantaa
Siitä luojalle saamme kiitoksen antaa,
Suloisuutta kewät kaikki-alla tuopi
Katseensa ulos nyt ihastuen luopi
Olet terwe-tulema sinä kewäinen sää
Eikö töittesi kauneutta itsekin nää
Kewät on meille wieraamme armain
Sä saawut kuluttua aikojen warmain
Sua olemme kaiwannnu hartain mielin
Ja ylistystä laulamme helkkywin kielin.

SPRING

Now summer scores victory over winter
Pleasant spring begins her entry
The harshness of winter is laid to rest
The brooks to awaken are doing their best
Gloom and darkness fade away
The days lengthen and light is here to stay
This time of year is of all the best
The bird's song awakens us from our rest
Spring is a promise in its song so free
Their joyful tunes ring from every tree
Nature awakens with strength anew
Gathering vigor for what it must do
When winter bade us its last farewell
The sun streamed in to stay a spell
Winter, please take away your cold works
Take your cold cover and all your weird quirks
Gone now is winter's power and might
The ground awakens to springtime bright
The luster of summer it soon will bear
For that our Creator our thanks will hear
Spring brings sweetness all around
In fascination now we view the ground
You are most welcome, springtime air
You must see it yourself, your works so fair
Spring is our visitor most welcome
You arrive after traversing a time most glum
We've yearned for you most earnestly and long
Now we sing praises with jubilant song.

SYKSY

Taas syksy alkaapi seutuamme sortaan
Pian laittaa lammin yli taas portaan
Pois kala-miehet jo järweltä häätyy
Heti järwen-pinta niin jäykäksi jäätyy
Ilma jo alkaapi myös kylmäksi jähtyä
Pois kesä-linnutki jo tekeepi lähtyä.
Pohjolan tuulet niin kylmältä tuntuwat
Jo lentää ilmassa pikku lumen-untuwat
Pois on pellolta nyt katonnu laihot
Kansaamme jääpi wain mieli-kaihot.
Kesän loistosta taasenki tuleepi kaipuu
Luonnon-ihanuus talwen uneen waipuu.
Talwen helmaan Ihmis-luontokin käy
Kesän askareissa ei heitä ulkona näy,
Pian pakkanen ja lumi wiettääpi häänsä
Kedon-kukkaki jo maahan painaa päänsä
Ei tunnu lämpymiä auringon sätteitä
Nämät kaikki on kesän hywästi-jätteitä,
Pois on puutki jo karistanut lehten
Näin syksy tulleepi työnsä tehten.
   On linnut laanu laulamasta
   Sekä sääsket säweltämästä,
   Kaikki perheet perustawat
   Talwi waatteita warustawat
   On puitten oksat ontuwina
   Kaikki-paikat paljahina
   Syksy on kaikki kaatanu
   Talwen suuhun suistanu.

AUTUMN

Autumn has arrived to oppress us again
Soon the pond will wear a thick skin
The fishermen will abandon the lake
A surface so solid they must forsake
The air is beginning to get cold and chill
The birds are preparing to leave rock and rill
The north wind is threatening cold
And a few snowflakes are flying so bold
The fruits of the fields have all disappeared
Nothing is left but land that is cleared
We are left to yearn for summer's glow
Soon Nature's beauty will lie under snow
Human nature takes on a wintry melancholy
Outdoor chores are abandoned entirely
Frost and snow soon will be wed
The flower of the field has bowed its head
No more do we feel warm rays of the sun
They have all fled with summer, every one
The leaves on the trees no longer lurk,
Thus autumn accomplishes her work.
   The birds have quit their singing
   The mosquitoes are not stinging
   All families are preparing
   Winter clothes to be wearing
   Trees their leaves no longer wear
   Every place around is bare
   Everything has overturned fall
   Into winter's jaws yielded all.

TALVI

Pois kesä kirkas on taasenki lentäny
Talwi synkkä ja luminen on siiaan entäny
Talwen tuimuus on kokonaan saanut
  wallan
Ja tuottanut meille näin pakkasen
  ja hallan
Himmeät on päiwät ja kolkkoja on yöt
Koko luonnolla on ilmassa talwen työt
On pakkanen kowa että paukkuupi
  nurkkiin
Ja ihmiset ulkona niin turwaupi turkkiin
Koittawat itseään talwen wiimalta peittää
Poies kesän werhot he yltänsä heittää
On kadonnut se kesän kukoistus koria
Ei kuulu nyt lintujen laulu niin soria
Myös synkäksi ihmis luonnon se luo
Kun kylmyyttä waan joka-paikkaan luo
Kesä lämmöstä on jokahisella kaipuu
Lumen alle kaikki kesän koreus waipuu—
Pois kesän töista kaikki nyt taukoo
Heti jähtyy huone ken owiansa aukoo
Pois leikkiwät lapset on ulkoa häätyny
On jojet ja järwet niin lujasti jäätyny
Sen huoneessa olewatki siewästi kuuli
Miten ulkona winkuupi talwinen tuuli
Ja kylmä wiima niin ulkona wiiltää
Talwi-säteet kirkkaana hangella kiiltää
Jää-werhot wain peittää ikkuna lasia
Huoneitten sisälle on kaikilla asia.
Wain metsän puut ei lumessakaan uunnu
Eikä niihin talwen pakkaset tunnu
Kauhusta wain niitten oksat reuhaa—
Kun tuuli kovasti ilmassa meuhaa
Koko metsä sen käsissä pauhaa ja jyryää
Lunta niin sakiasti tuiskuu ja pyryää
Ettei ulkona nää paljo päiwän walua
Eikä ole ulos nyt kenellään halua.
Lunta näkyypi joka-paikassa waan
On peittänyt se allensa kaiken maan
Lumen paljoutta totistaa jokahisen suu
Taiwaalla kiiluu niin tähtet ja kuu
Kylmät pilwet wain ilmassa kiikkuu
Sukkelana weikot ulkona liikkuu—

WINTER

Once more bright summer has flown away
Winter deep and snowy has come to stay
Grimly and firmly it has taken hold

And brought with it frost and cold

Dark are the days and dismal the nights
All Nature is involved in winter's rites
Jack Frost is imitating thunderstrokes

People seek refuge in their furry cloaks
Attempting to escape the winter's blast.
All sign of summer is gone at last.
Gone is the beautiful bloom of summer
No longer the song of birds does occur
And many people are so depressed
When cold puts them to a real test
Everyone longs for the warmth of summer
But that is lost under winter's bluster—
Forgotten now are summer chores
In comes the cold when one opens the doors
The children abandon outdoor play
On lakes and streams ice has come to stay
One need not go outdoors to hear
The howling wind in every ear
The biting cold gnashes with every blow
But the bright sun glistens on crust of snow
Lacy garb decorates the window panes
And everyone gladly indoors remains
But the forest trees don't mind the snow
Nor do they mind the cold wind's blow
Their branches never seem to mind—
Or think the winter's wind unkind.
The din in the forest is up to a roar
As the snow entombs the forest floor
All the day is dark and drear
Folks will stay their fireside near
Everywhere one sees nothing but snow
It swaths everything above and below
The talk of it is on every tongue
Cold moon and stars in the heavens are hung
Icy clouds hang in the wintry sky
Folks outside move with a step so spry—

Yhä wain tuulee ja tuiskuupi lunta
Koko luonto nautttiipi talwen unta
Sitte heräjää se uuteen eloon taas
Kun lumi ei ole herrana maas.

(Painettu Redridsisä Sitkiän-perällä
E.K Kirjapaino)

The snow is getting deep, so deep
All Nature enjoys winter's sleep
But soon it will awaken to summer's mirth
When snow no longer is king of the earth.

(Printed in Redridge, Sitkia location
E.K. Press)

ONNELLISESTA AWIOELÄMÄSTÄ

Awioelämä se kauniilta näyttää
Jos kumpiki sen oikeen käyttää
Kuin rakkautta on täysin-määrin
Sillon ei mene mikään väärin
Siitä johtuupi keskinäinen sopu
Sekä toimeen-tulo sillon ei lopu
Aina mielessänsä kiittäwät Luojaa
Joka heitä elämän-tiellä suojaa
Myös toimeen-tuloa heille suopi
Heitän töille siunauksensa tuopi,
Kun yksimielisyys aina on heillä
Käydessä tämän maailman teillä
Kaikki asiat he yhdessä päättää
Niin Luoja ne onnelliseksi säätä
He aina toisensa kunniassa pitää
Ja sillon ei heiltä puutu mitään
Sisällinen elämä heill on rikasta
Ei ole se kiukkusta eikä pikasta
Niin lemmessä he lepääpi yönsä
Sowussa tekewät päiwän-työnsä
Samon syö he puuron ja wellin
Ja owat toisilleen kaikista hellin
Ilolla he aina toisiansa kohtaa
Niin onni sillon elämää johtaa,
Ei sopua tarwitse kylästä noutaa
He rauhan-satamaan aina soutaa
Toimiwat ahkerana sekä hiljaa
Niittäwät aina kalleinta wiljaa
Ei he toisiaan jyrsi eikä paina
Rauha ompi sydämmessä aina
Ja siihen on rakkaus peri juuri
Joka on lahja äärettömän suuri
Waikka turhana sen wanhat pitää
Eikä nuorisoossa sen sallisi itää.

ABOUT A HAPPY MARRIAGE

Marriage is a beautiful sight to behold
When both parties to one accord hold
When love is plentiful and abundant
Then things will go as they were meant
They will live in complete harmony
And their existence will see blessings many
In their minds they always thank the Lord
Who always shelters them on life's road
Who provides them with earthly subsistence
Bringing a blessing upon their existence
If they chose to live in complete harmony
As they traverse along life's way
Agreeing on all their important decisions
The Creator will decree happy returns
They will continue to honor each other
And they will experience no lack anywhere
Their inner lives will be enriched
They won't be angry or quick-tempered
At night they'll retire to loving snores
In harmony they'll do their daily chores
Together they'll eat their porridge and gruel
And never be to each other cruel
They will encounter each other with delight
And good fortune will on their lives alight
They won't need outside help to get along
A peaceful harbor they seek their whole life long
Busily and quietly they do their best
Always reaping a precious harvest
They don't oppress or gnaw at each other
Peace in each breast abides forever
Love is the heir of all this on earth
Which is a gift of infinite worth
Although some old folks don't see the truth
Not allowing it to sprout in youth.

ONNETTOMASTA AWIOELÄMÄSTÄ

Kun rakkaus ei ole awioin wälillä
On elämästä huono puoli jälillä
Keskinäinen sopu heiltä puuttuu
Äkkiä he myös toisiinsa suuttuu
Eikä sydän heillä koskaan lauhu
He pikku asiasta kowasti kauhtuu
Toinen toistaan kaikella soimaa
Ja rietas heille antaapi woimaa
Loppumaton riita heillä on wain
Kyllä riian ainetta löytyypi ain
Elämäänsä tulleepi nyt iso muute
Pian ahdistaa köyhyys ja puute
Loppuu niin kaikki entiset warat
Sitte nälkää huutaa lapsi-parat
Eikä ole menestystä misään työs
Onni sekä siunaus katoaa myös
Ja ihanuus kaikki poies haihtuu
Synkeys ja suru siiaan waihtuu
Eikä elämä ole koskaan pyhä
Kun rietas wälillä sotiipi yhä
Ja kotinsa kowin ikäwäksi käy
Eikä yksimielisyyttä misään näy
Kaikki työ heill kadoaa hukkaan
Ei mikään mene myötä-sukkaan
He toisensa wikoja esille wääntää
Pienetki wirheet suureksi kääntää
Ja ain käywät sitä sana-sottaa
Eikä he muista huomioon ottaa
Miten owat rikkoneet liiton kalliin
Käyttäwät sen huonoon malliin
Siitä tuntewat ristiä ja waiwaa
Heitä murhe polttaa ja kaiwaa
Aina tahtowat toisiansa wierua
Kaikki kohtelu on niin kierua.

ABOUT AN UNHAPPY MARRIAGE

When there is no love in married life
There's nothing left but ill will and strife
Harmony and accord are totally lacking
Very quickly they are each other attacking
The heart of either never thaws
They become incensed for any small cause
They constantly use ugly invective
And vile spirits make them more effective
An endless fight is their whole life
Every little thing adds to the strife
When a big change comes their life to haunt
And they experience poverty and want
Provisions become less and less
Their poor little kids cry in distress
Success no longer is work's reward
Good fortune and blessing have disappeared
For all things beautiful there is no room
In their stead are sorrow and gloom
And life as they knew it is blessed no longer
Vile spirits cause the fight to be stronger
The home becomes pitifully unsound
Unanimity is nowhere to be found
Rewards of their work have come to naught
Although prosperity they have sought
Each one brings out the faults of the other
The smallest blemish seems to bother
A war of words they wage constantly
And never take note of how hostility
Has ruptured the precious vows they made
They have all dissolved in ill will and hate
This has brought only trouble and pain
Sorrow haunts them again and again
Of disrespect there's a goodly supply
Communication has become crooked and sly.

※✿※
FOLK SONGS

Eelu also published a book of songs entitled *KAUNIITA KANSAN-LAULUJA (BEAUTIFUL FOLK SONGS)*. The following are from that collection.

HULIWILI POIKA

1
Mitäpä minä köyhän lapsi
Teen tuolla tawaralla,
Otan köyhän piika likan
Pääsen halwemmalla.
2
Olikohan tuo rikkaan tytön
Rakkaus niin totta,
Jota olen minä heilakseni
Aikonut niin ottaa.
3
Ystäwäni minun ynsiäksi
Tuli aiwan suotta,
Hän oli mulle rakahin
Ja siihen aion luottaa.
4
Mitäpäs minä murhehtin
Jos käwi näinki täällä,
Niin on tä poika häilywä
Kuin lastu wetten päällä.
5
Mun surullista sydäntäni
Lohduttelen wähän,
Kuin kirjoittelen ystäwäni
Ynseyttä tähän.
6
Enkä petostasi sinulle nyt
Tahdo tässä kostaa,
Toinen poika koittakoon
Sun sydämmesi ostaa.

A HAPPY-GO-LUCKY GUY

1
What do I, a pauper's son
Care for earthly stuff,
I'll take for me a poor little maid
And that will be enough.
2
Was the love the rich girl vowed
By any means so true,
I thought she was my own sweetheart
I thought she loved me too.
3
My friend became indifferent
She had given not a sign,
She was the dearest one to me
I had thought to make her mine.
4
Who am I to fret or grieve
Or try her love to save,
I'll get along most splendidly
Like a chip upon the wave.
5
This sadly breaking heart of mine
I will console a little,
By telling of her heart turned cold
Because it was so brittle.
6
I will not try to seek revenge
I'll leave you with a sigh,
Let another come along
And try your heart to buy.

PETETYN LAULU

1
Muistat kai sä neito wainen
Ajan jolloin lemmittin,
Jolloin suukko polttavainen
Saattoi tunteet hurmeisiin.

2
Muistat kuinka kesä illoin
Lehdo-teitä kuljettiin,
Kuinka maa ja taiwas silloin
Syleilyymme suljettiin.

3
Kuljeksin taas kullan luokse
Riensin wastaan riemuiten,
Mutta mutta minkä wuoksi
Näjin niin kalpeana sen.

4
Toisen sormus sormellansa
Wälkkyi hurjan neitosen,
Toisen suukko huuliltansa
Poies poltti entisen.

5
Sillon minun mieli sortui
Päiwä sammu rinnassain,
Silloin sydän raukka murtui
Iki haawan sinne sai.

THE BETRAYED ONE

1
Surely, maiden, you remember
When we last our love declared,
When the burning kisses many
Sent our hearts to rapture shared.

2
Remember on a summer's eve
We'd wander in that wooded place,
How the earth and sky and stars
Encompassed us in our embrace.

3
Back I wandered to my love
Hastened once more to her side,
But what is this, is this I see
She's pale, as pale, as she can be.

4
Another's ring upon her finger
That unfaithful girl now wears
Another's kiss from her sweet lips
Burned the other's kiss away.

5
This is when my soul collapsed
The light went out within my breast,
My poor heart, crushed to despair
An everlasting wound possessed.

MUSTALAIS POIKA

1
Tuli pohjolasta äitini kulta
Isän Unkarista tuuli kai toi,
Syntyissäni lähell nuotio tulta
Ilo-viulut ne sillon niin soi.
2
Toki kaunis oli rannan lehdo
Ja wälkkywä wirran wyö,
Niin tässä on syntymä kehto
Olen tässä mä itkenyt yön.
3
Perin Suomeni werta ja kielen
Että lämpö mun suoneni lyö,
Sain äitini hillimmän mielen
Wain rinnassa sykkiwi yö.
4
Kylän tanhuwill wierasna kuljin
Tytöt katsoiwat toisaalle-päin,
Tähän tuskaan mä rintani suljin
Koti-lämpöä wailla oon näin.
5
Tullessani joukkohoon tummaan
En täällä mä wiihtyä woi,
Aina kammoksun kulkua kummaa
Kun laulut ja wiulut niin soi.
6
Minun mailmalle mieleni teki
Sieltä huwitusta etsimään kai,
Sydämeni surukin haihtuwi heti
Ja rintani rauhan niin sai.

THE GYPSY

1
My mother came from the northland
Hungary's wind brought Pa along,
I was born by the gypsy fires
While violins played a joyful song.
2
Beautiful were the wooded shores
The sparkling stream was a sight,
Here is the cradle where I was born
Where I've cried on many a night.
3
I bear Finnish genes and language
Gypsy blood runs hot in my veins
I have my mother's temperament
In my breast is throbbing night.
4
A stranger I wandered the village lanes
The lasses avoided me, it was plain,
From my heart I barred that anguish
My home hearth I sought again.
5
In the group of the dark ones
I could not enjoy myself there,
I felt a strange alienation,
Could not in their music share.
6
I then looked to the outside world
Hoping pleasure and delight to gain
The pain in my heart did fade away
And peace in my bosom reigned.

❄❄❄
A GIFT FOR LILLIAN

In a college music course, we were required to compose an original piece of music. I thought it would be interesting to try to compose a tune to an original Finnish poem. I wrote to Grandpa (in Finnish), explaining what I needed. Quite promptly I received a poem and letter (I translate):

"Nisula, Mich. February 21, 1951. Here I am sending you this small poem. I don't know if this happens to be just what you wanted, for it is difficult to guess just what another person has in mind. But anyway, every verse is in exact poem meter and would be suitable for a song if you can come up with a melody. I could come up with a melody for it very easily. And I thank you for your letter. I understood it very easily and I was happy that you remembered me. I wish you good luck and good fortune in your present workplace and also good health. This was written by one who always remembers you with friendship and love. Eelu Kiviranta"

Unfortunately, I never did come up with a melody. I wish I knew the melody Grandpa had for it. In my translation I have sacrificed rhyme in favor of as literal a translation as possible. —L. Lehto

SÄ LUOJA KORKEIN LAUPIAS

Sä Luoja korkein laupias
Joka kaikki tehdä voit
Maailman ja sen kaikki
Tyhjästä niin loit.

Sinun vertaasi ei maailmassa
Mikään olla vois
Olet autuuten mulle antanu
Ja synnit pessy pois.

Kiitosta mun sydämmeni
Laulaa sulle vain
Kun minäki sun omaksesi
Kerran tulla sain.

Tää maailima kuin ahtistaa
Ja synti siihen painaa
Sinä vahvista minun uskoa
Myös armoasi lainaa.

Kun mailman myrsky pauhaapi
On Jesus minun suoja
Torju pois mun viholliset
Sinä taivaan Luoja.

Sun haltuun annan itseni
Ei turvaa ole toista
Sinä johta minun matkaani
Pois synnin teiltä poista.

THOU CREATOR GREAT AND MERCIFUL

Thou Creator great and merciful
Who great things hath wrought
The world and all that's in it
You created out of naught.

There can be nothing like you
In all the whole wide world
You've given me your grace
And washed my sins away.

Thanksgiving does my heart
Sing to you alone
That I could also come to you
And be your very own.

When the world oppresses
And sins do weigh me down
Strengthen Thou my faith
Lend me your grace alone.

When the wild tempests roar
Jesus is my shelter
Ward off my many enemies
O Heavenly Creator.

I give myself into your care
No refuge have I other
Please guide my earthly travel
Away from paths of sin.

A Rascal's Craft

✿✿✿
POEMS FOR SPECIAL OCCASIONS

Eelu also wrote poems for special occasions—birthdays, anniversaries, and so on, sometimes having been commissioned to do so, and at other times as a surprise for the honoree or honorees.

The following poem was written for long-time friends, I suspect as a surprise for the subjects. The names have been changed to protect their privacy.

KULTA-HÄÄT

Sen sattumalta tulin minä tietään
Että kultahäitä täällä pietään
Niin velvollisuuteni alakoi vaatia
Että runo pittää nyt tännekki laatia
Eikä aikeeni olekkaan mitään suotta
Siittä on viisikymmentä vuotta
Kun alakunsa sai tämän asian juuret
Ja Jaakolla oli elämän hankkeet suuret
Hän oli nouri mies vielä sillon
Ja tyttöin peräsä juoksi illon
Kun rakkaus alako rinnassa syttyä
Sen perusteella puhutteli monta tyttyä
Siinä oli hänellä huolta ja hommaa
Niin isosta joukosta löytää ommaa.
Sitte vihton Anttilan Hannan sautti
Joka Jaakoa niisä toiveisa autti
Ja käytös oli hänellä sen mallista
Joka enimmän mielytti Jaakko Kallista
Se Jaakolta huolet poies puotti
Siihen Jaakko sydän-toiveensa luotti
Eikä välittäny ennään tytöistä muista
Han Hannan katso parhaaksi nuista.
Sen kansa hän alako seuraa jatkaa
Yhesä kulukemaan maallista matkaa
Nyt ei Jaakolta mitään puuttunu
Oli elämä oikialle tolalle muuttunu
Niin mukava oli nyt levolle panna
Kun läsnä oli aina oma Hanna
Siitä lohtua on aina piisannu hällä
Monta mutkaa on ollu matkalla tällä
Kun vuosia on kulunut puoli-sataa
Ja Herra on johtanu elämänsä rataa
Ovat yhestä tuumin tehneet työtä
Niin onni on ollu kaikessa myötä.

GOLDEN WEDDING ANNIVERSARY

I just recently happened to hear
That a golden wedding is being celebrated here
Now duty began to demand
A poem I must pen to have on hand
My intent is not without reason
For fifty years have passed this season
Since began this entire adventure.
Jake was contemplating his future
He was still a young man then
Young girls' company he sought often.
When love began to burn in his breast
He sought among them for the very best
Now this required care and scrutiny
From so many to choose the one and only.
Finally Anttila's Hannah he found
Who was just the type Jake had in mind
Her behavior wasn't the least bit fake
Which greatly pleased Kallinen's Jake
Now the realm of hope Jake had entered
All his thoughts on Hannah were centered
He cared no more for those other lasses
Hannah was the best from all those masses
Hand in hand they traveled along life's road
Together decided to carry life's load
Now nothing was lacking in Jake's life
Life was on the right track since he had a wife
How peaceful was the eventide
With his own Hannah by his side
This comfort has survived throughout the years
Through twists and turns and sometimes fears
Fifty years have passed without remorse
And the Lord has led them along life's course
As one they have performed their daily tasks
And Fortune has smiled on all their works

Ovat kulkenu läpi tuiskut ja tuulet
Ja ilosta on aina hymyilly huulet
Kun sopua on ollu täysin määrin
Ei mikään ole heille menny väärin
Onnea ovat niin yhdessä kiittäny
On rakkaus aina välillään riittäny.
Ovat Jumalaan luottaen eläneet aina
Se parhainta onnea ihmiselle lainaa
On valassu se heitänki elämän teitä
Myös aineelisesti siunannu heitä
Sitä sammaa heille toivotan yhä
Sillä avioelämä on kallis ja pyhä
Se kaikkein silimiin kauniilta näyttää
Kun kumpiki sen oikeen käyttää.
Niin ihailla soppii hetkiä näitä
Jotka nauttia saavat kulta-häitä
Heitän purtensa lähenee rauhan rantaa
Ja Herralle saavat he kiitosta kantaa.

—*Kyhäili Eelu Kiviranta*

The storms of life have tossed their ship
But the smiles have never left their lips
When harmony exists in full measure
Peaceful existence is a treasure
To be grateful for their good fortune they try
Their river of love has never run dry.
Trusting in God they always rest
For thus a person's life is blessed.
It has been a light along life's way
And material blessings brought to stay
Continued blessings we now wish for you
For the married state is precious and holy
A beautiful sight it is to behold
A celebration of this year of gold.
We appreciate these moments beautiful
Seeing them enjoy this celebration bountiful
Now their barque approaches the peaceful shore
And they can thank their Lord forevermore.

—*Penned by Eelu Kiviranta*

SAMPLE LOVE LETTER

Eelu also wrote sample love letters in a book entitled *RAKKAUS-KIRJEEN KAAVOJA ja NEROK-KAITA NEUWOJA AWIOLIITTOON AIKAWILLE POIKAMIEHILLE (SAMPLE LOVE-LETTERS AND USEFUL INSTRUCTIONS FOR YOUNG MEN INTENDING TO MARRY)*. We include one of the letters here. Capitalization and punctuation remain as Eelu wrote them.

Rakas hempukkani, Ilo-mielellä lasken käteni tämän lentäwän lehten päälle Jonka awulla kiiruhtan luoksesi taas terwehtämään sinua mitä suurimmalla sytämeni suloisuutella. Ja ensiksi saan lausua nöyrimmän kiitoksen Tästä wiime kirjeestäsi Joka oli totella suloinen sanoma minun kaipaawalle sytämelleni, Kun sain kuulla että sinäki olet terwennä Ja tahtot liitossa minun kansani pysywäinen olla. Niin sentähten minäki puolestani taas hetkeksi liityn kansasi puhelemaan, waikka ei juuri suu-sanoilla Mutta näin sopiwan wälikappaleen awulla. En tunteitani enään salata woi Sillä rakkauteni liekkinä perääsi palaapi ja sydämeni on kuin heikko matka-mies Ettei woi ilman sinun awuttasi wajeltaa. Sillä sinä yksin olet se jonka tuhanten juokosta itselleni sopiwaksi tuntenu ja sinun nimesi on kirjoitettu minun sydämmeni pohjaan jota ei taita kenkään pois pyyhkiä. sillä sinä olet luotu minun ainoaksi ilokseni ja sinun kansasi saawutan itselleni mitä tyytyttäwimmän elämän maailmassa. Enkä kaipaa maailman tawaraa eikä koreutta kuin sinut waan omakseni saan, Sillä sinun sydämesi rakkaus ompi kallein rauhan satama ja joka hetki wain mieleni kuwittelee sitä ihanaa Yhteis-elämää jota wielä kerran toiwon saapani Sinun kansasi yhdessä wiettää, Waikka tällä kertaa olemme näin toisistamme eroitettuna, mutta rakkaani olemme tyyywäiset sillä tämä odotuksen aika ompi meillä waan lyhyt ja pian tulee se aika ihanainen että saamme toinen toisellemme suullisesti tunnustaa tämän meidän palawan rakkautemme Jota olemme jo näin kauwan wälillämme wirittäneet Ja ompi näin meität saattanut ryhtymään mitä kalleimpiin elämämme pyrinnöihin Ja niin yhtyäksemme meidän kaks-puoleisesta rakkaudesta johtuwaa Elon-ihanuutta nauttimaan Ja aina niin lempein silmin katsella toisiamme kaswoista niin kaswoihin Ja molemmin-puolin yhtyä toisillemme ikuiseksi iloksemme Jota meidän sydämemme ompi aina kaipaawa, Sillä sinua en woi laata rakastamasta. Sinulle olen sydämeni kokonaan antanut enkä taita sitä ikänä pois ottaa. Sinun lempeä luonto ja suloinen huultes hymyily owat minun sydämeni niin sinuun kiinni sitoneet että et ole yhtä hetkeä poisa mielestäni, Sinun ylittesi huokaan yöllä sekä päiwällä niin toiwoen wihtoinki saapani muutosta tälle Minun yksitoikkoselle elämälleni. Sillä ei mikään ole kauniimpaa kuin se että saada oman walitunsa kansa aina yhtesä olla ja tämän mailman ilot sekä surut niin yhtessä jakaa. Ja niin olla toisillemme tukena ja turvana sekä neuwon antajana. Ja nyt päätän Minun sydämellisen puheeni taas tällä kertaa sinun kansasi. Waan toisti lisään sillä hellyytellä ja sydämeni uskollisuutella tahdon sinua aina rakastaa Ja seurakunnan paimenen awulla wahwistaa pyhän liittoni sinun kansasi ja niin saapua aina toiwotulle onnelan tielle. Siis jätän hywästi juuri kuin kädestä käteen onni rauha ja rakkaus olkoon aina osanasi, näitä toiwoo sinun ijäti oma ystäwäsi.

My dear sweetheart, With joyful heart I lay my hand on this winged paper with the aid of which I hasten to your side to greet you with utmost delight in my heart. First of all, I want to express my most humble thanks for your last letter which was truly welcome tidings for my yearning heart, when I heard that you also are well and want to remain in touch with me. This is why I pause for a moment now to speak with you, not by word of mouth but with the aid of a suitable medium. I can no longer hide my feelings for my love burns as a flame after you and my heart is as a weak traveler who can't go on without your support. For you alone are the one whom among thousands I have chosen as suitable for myself and your name is written at the bottom of my heart from where no one can wipe it away. For you were created to be my joy alone and with you I will achieve the most satisfying life in this world. I don't crave worldly goods or beauty as long as I can have you for my own, for the love of your heart is a most precious peaceful harbor and every moment my mind is picturing the beautiful life together I hope to experience with you some day, although now we are separated this way, but my dearest, we will remain contented since this time of waiting is brief and soon that beautiful time will arrive when we can in actual words confess our burning love which has for so long existed between us and which has brought us together to seek the most precious endeavor of our lives and to enjoy our love together and then with loving eyes gaze at each other face to face and forever be a joy to each other, which our hearts long for, for I cannot cease loving you. I have given my heart entirely to you and don't intend ever to reclaim it. Your charming disposition and the sweet smile of your lips have so captured my heart so that you are not absent from my thinking for even a moment, I sigh over you during the night as well as in the daytime and I hope some day to get relief from my boring life. For nothing is more beautiful than to remain forever with one's chosen one and share this world's joys as well as sorrows. And thus be support and refuge for each other as well as an advisor. And now I will close my heartfelt communication with you. I will continue later as I wish to love you with tenderness and faithfulness and with the aid of the pastor of our church experience a holy union with you and so arrive on the road to that hoped-for place of happiness. So I will say goodbye for now as though we were doing it hand to hand and may good fortune, peace and love be your portion always, wishes one who is your own friend forever.

(**No wonder Kaisa fell for him!** —*Translator*)

ACKNOWLEDGEMENTS & SOURCES

Lillian and Steve would like to thank:

- The folks who shared their memories of Eelu
- The many folks who in times past have donated to our collection of Eelu's poetry
- The Finnish American Heritage Center and Finlandia University for helping keep Eelu's memory alive
- Kathleen Corr for explaining to us what type of printing press Eelu probably used
- Marjorie Lindley for sharing her research on stamp mills, particularly the Baltic mill
- The people at the Institute of Migration in Turku, Finland, who provided us with a picture of the ship *Polaris*
- The Werner Söderstrom Publishing House in Porvoo, Finland, for permission to use pictures of the Army Barracks and the Åström factory in Oulu, Finland
- The folks at the Apple store in Troy, Michigan, for technical help and encouragement
- Tim Lehto for his idea for the title, as well as the back cover summary
- Paul Lehto for his patience, encouragement, and support throughout the project
- Finlandia Foundation National
- Jim Kurtti, Ed Peabody, Steve Wilke, Martin Smith, and all others who have assisted us in getting these poems published.

Sources:

Alanne, Vieno Severi, *Finnish-English Dictionary, (1956).*
The Complete Rhyming Dictionary, edited by Clement Wood, *(1991).*
Mawson, C.O. Sylvester, *Roget's Thesaurus of the English Language (1936).*
Merriam-Webster's Rhyming Dictionary, 2nd edition, *(2006).*

EELU AND MARTHA

This is one of the last pictures of Eelu, taken in the summer of 1950. He is shown with his niece, Martha (Jontti) Liljedahl, who was born and raised in Sweden. Eelu had always supposed that he had no relatives in the United States outside of his immediate family. Imagine his surprise to find that a daughter of his sister Emilia was living in Racine, Wisconsin. He was extremely pleased when she and her husband came to visit him. Note Eelu's height compared to Martha, who was a woman of average height.

GLOSSARY OF FINGLISH TERMS EELU USED

FINGLISH	ENGLISH	FINNISH	POEMS WHERE USED
Alijanssi	Alliance	—	*Kuparisaaren lakko*
buuka	book	kirja	*Farmarin wapaus*
daala	dollar	dollari	*Juttu juomareista*
eekeri	acre	—	*Farmarin wapaus*
Engesmanni	Englishman	Englantilainen	*Suomalaisen tunteita*
fameli	family	perhe	*Raittiuden lahjoja*
haalata	to haul	kuljettaa	*Rammarin kertomus*
haali	hall	halli, sali	*Kuparisaaren lakko*
hetsi	head	pää	*Hetsin syöttäjän*
hoppu	hurry	kiire	*Autoveeperi*
horiappia	hurry up	pidä kiirettä	*Rammarin kertomus*
hukki	hook	koukku	*Hetsin syöttäjän*
japi	job	työ	*Hetsin syöttäjän*
Jimi	Jim	—	*Kuparisaaren lakko*
junio	union	ammattiliitto	*Kuparisaaren lakko*
kaara	car	auto	*Kuparisaaren lakko*
kauntata	to count	laskea	*Farmarin wapaus*
kaunti	county	—	*Kuparisaaren lakko*
kääsi	gasoline	bensiini	*Autoveeperi*
komppania	company	yhtiö	*Kuparisaaren lakko*
laku	flag	lippu	*Kuparisaaren lakko*
lonteri	laundry	pesulaitos	*Hetsin syöttäjän*
luusata	lose	kadottaa	*Kuparisaaren lakko*
mainari	miner	kaivostyöläinen	*Kuparisaaren lakko*
maini	mine	kaivos	*Kuparisaaren lakko*
mässi	mess, mass	sotku	*Hetsin syöttäjän*
misis	Mrs.	Rouva	*Suomalaisen tunteita*
miuli	mule	muuli	*Kuparisaaren lakko*
morketti	mortgage	kiinnityskirja	*Autoveeperi*
oorteri	order	tilaus	*Autoveeperi*
opstee	upstairs	yläkerta	*Hetsin syöttäjän*
paari	bar	tanko, harkko	*Hetsin syöttäjän*
paasi	boss	päällysmies, pomo	*Hetsin syöttäjän*
paili	pile	pino	*Rammarin kertomus*
pännä	pen	kynä	*Kuka runoja ostaa*
peli	bell (probably)	kello, soittokello	*Hetsin syöttäjän*
Pensteeli	Painesdale	—	*Kuparisaaren lakko*
piiri	beer	olut	*Kuparisaaren lakko*
pika	pick	kärkikoukka	*Kuparisaaren lakko*

A Rascal's Craft

FINGLISH	ENGLISH	FINNISH	POEMS WHERE USED
pilli	bill	lasku	*Autoveeperi*
pisi	busy	olla toimessa	*Kuparisaaren lakko*
pisnesmies	businessman	liikemies	*Kuka runoja ostaa*
poorteri	boarder	täysihoitolainen	*Autoveeperi*
postata	to break, or fail	särkeä	*Raittius alalta*
puuka	book	kirja	*Weitikan wehkeitä*
raikki	strike	lakko	*Kuparisaaren lakko*
rammakaara	tram car	—	*Weitikan wehkeitä*
rammaus	tramming	—	*Rammarin kertomus*
räntätä	print	painaa	*Elämäni mutkia*
reisata	to raise	nostaa	*Kuparisaaren lakko*
residentti	president	presidentti	*Kuparisaaren lakko*
rooppi	drop	—	*Kuparisaaren lakko*
rouwi	rough	epätasainen	*Hetsin syöttäjän*
runnata	run (as for office)	—	*Maaliman sodan*
runneri	runner, operator	hoitaja, mekanikko	*Hetsin syöttäjän*
Ryssä	Russian	Venäläinen	*Piiskaus juttu*
Saut-renssi	South Range	—	*Kuparisaaren lakko*
serwiisi	— ?	— ?	*Hetsin syöttäjän*
setseli	satchel	laukku	*Matkan warrella*
Sika-kuu	Chicago	—	*Kuparisaaren lakko*
siti-sonni	citizen	kansalainen	*Kuparisaaren lakko*
skääpi	scab	(lakon-) rikkuri	*Kuparisaaren lakko*
sortti	sort, kind	lainen	*Sotasta*
stooppi	prop	—	*Kuparisaaren lakko*
syytti	chute	liukurata	*Hetsin syötäjän*
taala	dollar	dollari	*Suomalaisen tunteita*
taisia	ties (as in logs)	ratapölkky	*Farmarin wapaus*
tiketti	ticket	lippu	*Matka Ameriikaan*
timperi	timber	puutavara	*Farmarin wapaus*
tippo	depot	rautatieasema	*Kuparisaaren lakko*
tumpata	to dump	kaataa	*Rammrin kertomus*
veeperi	fever	kuume	*Autoveeperi*
warmi	farm	maatila	*Autoveeperi*
Watteli	Waddell	—	*Kuparisaaren lakko*
wäläwi	valve	venttiili	*Hetsin syöttäjän*
wältti	plow (farmer's)	aura	*Farmarin wapaus*
wisseli	whistle	vihellin, pilli	*Kuparisaaren lakko*

A Rascal's Craft | 113

ABOUT THE CONTRIBUTORS

STEVE LEHTO, Eelu's great-grandson, is a writer and attorney who resides in southeast Michigan. He is the award-winning author of *Death's Door: The Truth Behind Michigan's Largest Mass Murder*, which chronicles the Italian Hall tragedy during the Copper Country strike of 1913; and *Michigan's Columbus: The Life Of Douglass Houghton*. He obtained a B.A. in history from Oakland University and his J.D. from Southwestern University School of Law in Los Angeles. He is also an adjunct professor at the University of Detroit Mercy School of Law in Detroit, where he teaches consumer protection and trial practice. His most recent book is *Chrysler's Turbine Car: The Rise and Fall of Detroit's Coolest Creation*, published by Chicago Review Press.

LILLIAN LEHTO, Eelu Kiviranta's granddaughter, is a retired teacher and librarian. She lives in Birmingham, Michigan, with her husband Paul, who is a retired school administrator. She graduated from the Lutheran Bible Institute, and from Suomi College. She has a B.A. and M.A. from Oakland University and a minor in library science from the University of Michigan. Lillian and Paul have six sons, of whom Steve is the youngest.

Lillian is a Fennophile and has traveled to Finland a number of times, several of those as organizer and leader of a tour group. All four of her grandparents immigrated from Finland. Finnish was her first language, but she has had to acquire a modern Finnish vocabulary to replace the old Finnish and Finglish she learned as a child. She has taught Finnish at the Finnish Cultural Association in Farmington, Michigan, where she now volunteers as a librarian.